ÉLOGE

HISTORIQUE

DE M. POTHIER,

Conseiller au Préfidial d'Orléans, & Profef-
feur de Droit François en l'Univerfité de la
même Ville ;

Par M, LE TROSNE, Avocat du Roi
au Préfidial d'Orléans ;

PRÉCÉDÉ

D'UN DISCOURS LATIN,

PRONONCÉ *à la rentrée de l'Univerfité d'Or-*
léans, le 20 Novembre 1772,

Par M. ***, Profeffeur en Droit de la
même Univerfité.

A ORLÉANS,

Chez la Veuve ROUZEAU-MONTAUT, Impri-
meur du Roi, de l'Evêché & de l'Univerfité.

M. DCC. LXXIII.
AVEC APPROBATION.

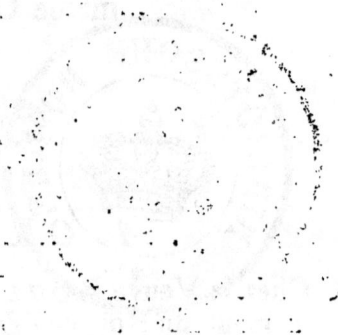

DE LAUDIBUS

ANTECESSORIS

DOCTRINÂ ET MORIBUS

PRÆSTANTISSIMI

ORATIO.

Habita Aureliæ die 20 Novembris ann. 1772.

D à majoribus quafi per manus traditum R. M, C. A, &c. ac ipsâ inftituti noftri ratione præfcriptum accepimus, ut , cùm in Doctoris demortui locum alius fufficiendus eft , is deligatur qui moribus & doctrinâ cæteris antecelluerit. His titulis fignari eos oportet qui Juris publicè docendi munus obire ac fuftinere meditantur. Abjectis aliis omnibus curis, toto pectore incumbunt ad hanc palmam æmulis præripiendam. Quocircà intelligere vos opinor, paucos de multis qui doctrinâ & moribus excelluerunt ad summum gradum pervenisse. At ex his unum nostra ætas peperit quem omnes præclaræ hujus civitatis ordines singulique cives, paucis ante mensibus inevitabili humanæ conditionis necessitate ademptum, summo mœrore prosequuntur. Et hîc confestim omnium animis occurrit egregius Academiæ nostræ Antecessor, magister meus, Robertus-Josephus Pothier : de cujus præstantiâ jure nos gloriari posse, grati animi erga illum ac pietatis officio impulsus, mihique acerbissimum & maximè luctuosum onus deposcens, ipsâ veritate arbitrâ, demonstrare aggredior.

Atque, ut ad res ipsas deveniam, hoc utrumque affirmo : eum doctrinâ quâ Jurisprudentiæ alumnis viam munivit expeditiffimam ad legum cognitioném : morum integritate quâ effinxit & quafi oculis fubjecit legum fanctimoniam, longè cæteris præftitiffe. Si quid à me orationis inopiâ lapfo , ex ampliffimâ illâ & uberrimâ laudum fegete prætermif-fum , aut jejuniùs multò atque exi-liùs quàm pro dicendi materiâ per-curfum fuerit, non vereor ne tam cari capitis defiderium minuiffe vi-dear ; cùm apud eos dicturus fim qui nota fibi omnia mentibus fuis taciti fufcipient & cogitatione per-fequentur. Adefte animis , Adolef-centes ftudiofiffimi, ea funt ejufmodi quæ maximè vos ad pleniorem doc-trinam labore confequendam exci-tare , veftrifque moribus informan-dis prodeffe , debeant.

PARS PRIMA.

Cum ex hoc loco , non multis abhinc annis , verba facerem , oftendi ardentiffimum illud quod

apud Gallos tandiù viguerat Jurifprudentiæ ftudium multùm defer-
buiffe, & à perversâ eorum vivendi
atque fcribendi confuetudine, quæ
noftris præfertim temporibus ingra-
vefcere cœpit, repetendam effe
tanti mali caufam (1). Jam illa
depravatio adolefcentium animos à
feverioribus difciplinis ad futilia tor-
ferat, cùm eximius ille vir de quo
nunc agimus, latinis litteris diligenter excultus, univerfæ Philofophiæ
præceptis imbutus, atque etiam in
Theologiæ ftudio exercitatus, ad
Jurifprudentiam animum appulit, ad
quam ipfe per fe naturali quodam
impetu ferebatur. In hac civitate
homines eruditiffimi Jus civile do-
cebant. Iis dedit operam ; fed tunc
legum explanationes fubtiliffimis
quæftionibus à Tyronum captu ufu-
que forenfi longiffimè remotis refer-
cire, ac multas inter fe pugnantes

---

(1) In oratione habita die 23 Novemb. ann.
1768.

fententias in medium adducere ,
præcipua laus habebatur. Quibús
auditis, primùm fe admiratione ob-
ftupefactum , deinde multò, quàm
dudum, incertiorem fuiffe de eâ re
mecum agens ingenuè faffus eft.

Nolite quærere , AUDITORES,
quid ei animi fuerit. Acerrimo fupra
ætatem judicii acumine præditus
fenfit laborum gradus fieri oportere,
ut ad cujuflibet artis fummam profi-
ciamus : optimam hanc effe Juris
præcipuè docendi difcendique rationem. Equidem, quemadmodum
fcalarum ita & rerum quarum tam
ardua tamque difficilis eft cognitio,
fi alii tollantur gradus, alii malè hæ-
rentes relinquantur, ruinæ pericu-
lum ftrui, non afcenfum parari ne-
çeffe eft (1). Itaque domo fe reci-
pere, à principio fingula repetere,
ipfos pervolutare legum textus me-
liorifque notæ interpretes , perluftra-
re antiquitatem, omnia diligenter &

(1) Vid. Cic. 6, Epift. ad famil. 7.

a ij

accuratè comparare , seponere, a
delibare instituit , quæ ad Jurispru
dentiam percipiendam, instruenda
penitusque pernoscendam magìs ac
commodata videbantur. Quid plu
ra ? Tantos brevi tempore progre
sus fecit, ut ea jam potuisset docere
quæ nunc si quis eâdem ætate dis
cere inciperet , in summâ laud
poneremus.

Honores mox consecutus , qui
confecto studiorum curriculo decer-
ni solent , militiæ togatæ in supremâ
Parisiensium Curiâ nomen dedit &
apud nos in *Præsidiali* judicum consessu , cùm annum ageret vigesi-
mum primum, maximo bonorum
omnium plausu , locum obtinuit.
Ad hanc dignitatem evectus , non
destitit arduum & cum labore ad
abundantiorem doctrinam directum
iter tenere quod tam alacri studio
ingressus fuerat. Atque ut illud ab
omnibus impedimentis liber expe-
ditiùs conficeret , se à commercio

vulgi fegregavit & folitariam quodammodo vitam, in mufæo deinceps
ad extremum ufque fpiritum degen-
dam, amplexus eft. Cùm tamen pu-
blicæ utilitatis causâ, nullo commo-
do fibi extrinfecus propofito, impro-
bum hunc laborem perferre decre-
viffet, ftatutis diebus, feleftos quof-
dam adolefcentes iifdem ftudiis &
amicitiâ fecum conjunftos, in fuam
aliamve domum congregabat. Ibi,
remiffionum animi obleftationum-
que loco, familiares de Jure inftitue-
bantur fermones, in quibus doftri-
na, quam quifque fuam fecerat
& in unum contulerat, alterius ac-
ceffione augebatur. Ipfe autem de
dubiis tam enucleatè, de obfcuris
tam dilucidè, de confufis ac per-
turbatis tam ordinatè differebat, ut
jam facilè augurarentur omnes,
uberrimos magnofque aliquando ex
ejus navitate ac diligentiâ fruftus
extituros.

Hæc illa funt fummi viri juveni-

a v

lia. His prolufionibus egregium mo-
liebatur opus quod maturiore ætate
effecit, & eâdem fenefcente abfol-
vit. Hic ei ad doctrinam, quâ cæteris antecelluit, patuit aditus. Per
afpera obfitaque fpinis ac ruderibus
loca gradiendum ei fuerat, ut Jurifprudentiæ alumnis viam muniret ad
legum cognitionem, & unà non
Romani tantùm, fed etiam Gallici
Juris ftudium in integrum refti-
tueret. Hujus quem animo conce-
perat finis affequendi causâ, omnem
laborem, omnem difficultatem con-
tempfit. Nunc, quàm felix fapientif-
fimo confilio refponderit eventus,
accipite, & finite ut tam laude dig-
nam rem paulò altiùs repetam,
eaque, quàm breviffimè potero,
exponam quæ ipfam omnibus pla-
nam facient.

Illud certâ experientiâ comper-
tum habuerat, neminem exquifitam
ac reconditam legum fcientiam con-
fequi poffe, nifi eam fibi ex Pandec-

tarum libris hauriendam putaverit.
Præclarè! Nam fi fpectemus autori-
tatem, occurrunt Jurifconfulti dignitate infignes, rerum publicè geren-
darum ufu exercitati, civili fapien-
tiâ pleni, doctrinâ & confilio abun-
dantes: fi genus dicendi, nihil lima-
tius, nihil preffius, nihil clarius,
nihil ad difcendum accommodatius :
fi materiam ipfam, complectitur
pulcherrimum Juris fyftema feli-
ciffimis Reipublicæ temporibus in-
ventum ac formatum, fub Impe-
ratoribus, ab Augufto ad Antoninos
ufque, fuis omninò numeris & partibus perfectum atque expletum : ex
quo Romani univerfi orbis domini
majorem adepti funt gloriam quàm
ex imperii finibus tám latè propa-
gatis.

Suo lumine adhuc difcentium
mentes perfunderent horumce Jurifconfultorum lucubrationes, nifi
fata nobis eas invidiffent. Barbaries
funeftiffimâ contagione Romanum

jam pervaferat imperium, cùm Juf-
tinianus ex tot libris tanti ponderis
& fcientiæ refponfa feligi Pandec-
tafque confarcinari juffit. Et quod
magìs dolendum eft, tam difficili
negotio Tribonianum præfecit oneri
prorsùs imparem. Hic in Latinâ linguâ, in legibus, in dialecticâ pere-
grinus & hofpes operi manum ad-
movet, & ad vivum omnia refecans
fragmenta tantùm nobis obtrudit,
tam confusè tamque perturbatè dif-
jecta, ut quafi Sybillæ folia effe vi-
deantur. Prifci & antiquati Juris ejuf-
que diffidii quod Proculianos inter
& Sabinianos olim extiterat, vefti-
gia paffim legentibus obvia relin-
quit : quod uno in loco fervaverat,
mutat in alio : interpolat ac depra-
vat multa, ut ad jus novum ea de-
torqueat, & immenfum illud opus
properans feftinanfque triennio con-
ficit. Illæ tamen Pandectæ vim legum obtinuerunt iniquiffimo Jufti-
niani edicto, quo fimul fanxit ut è
medio tollerentur eximii veterum

Prudentum libri. Hinc tot fugitivæ leges in aliam fedem rejiciendæ, tot aliæ illuni nocte obfcuriores, tot nodi refecandi potiùs quàm folvendi præftantiorum interpretum torferunt ingenia, multofque difficultate perterritos à capeffendâ juris arte avocârunt.

Malo mederi pro fuâ virili parte omnes ferè ftudúerunt noftræ difciplinæ magiftri. Quidam fe probè fuo functos officio putaverunt, fi Juris præcepta per univerfas Pandectas difperfa undecunque fedulò colligerent, certoque ordine fuis in loculis collocarent. Qui quidem mihi videntur operam navaffe fatis idoneam, ut primoribus labris Tyrones guftarent Jurifprudentiæ principia; non ut flagrantem ejus perdifcendæ fitim explerent. Illi toti fuerunt in conciliandis diverforum Jurifconfultorum opinionibus, neque infeliciter multas in concordiam reduxerunt ; fed acerrimam fæpenumerò fibi confingentes pugnam, ubi erat maxima confenfio, litigandi & cavillandi potiùs, quàm de Jure difputandi, artem docuerunt. Hi denique, quorum propè infinitus eft numerus, latiffima excogitaverunt commentaria doctis & intelligentibus utiliffima ; fed eorum mole obruimur. Quis in legum ftudio nondum verfatus atque exercitatus leget hæc ? An ei non abfimilis qui, maris in littore fedens, fingulas undas numero amplecti conabatur, in iis pervolvendis omnem teret ætatem, ut inde omnium quæ quandoque inciderint negotiorum cognitionem hauriat (1) ?

Quæ cùm ita fint, vir fummus, ad quem jam redit oratio, pace tantorum interpretum dixerim, hic ille tandem erat cujus ope renafci Romana Jurifprudentia debebat, priftinumque decus ac fplendorem reci-

---

(1) Vid. Duareni Epift. de ratione docendi difcendique Juris.

pere. De Pandectis in ordinem digerendis cogitaverat; sed nimiùm sibi diffidens ac fortè existimans id confici non posse, quod Vigelio, Jurisconsulto inter Germanos celeberrimo ex animi sententiâ minimè successerat, consilium, quod jam ad incœptum conatumque perduxerat, mutasse videbatur, cùm unus è collegis in *præsidiali* consessu, ingenio, litterarum cultu, multijugâ eruditione, ac præsertim legum scientiâ clarus, in cujus locum postea cooptatus Jus Gallicum in hac Cathedrâ docuit (2), eum enixè rogavit atque obtestatus est, ut impensæ operæ sibi specimen aliquod exhiberet. Ejus petitioni concessit homo singulari morum facilitate præditus. Tum ille mirari, laudare, illustrissimo viro tunc temporis Galliarum Cancellario rem nunciare Academiis foroque utilissimam. Hic dignitate Magistratuum, doctrinâ Jurisconsul-

_____

(2) Cl. Antecess. Michael *Prevôt de la Janès.*

torum princeps, qui de Autore multa, famâ & auditione, acceperat,
humaniſſimâ epiſtolâ eum ad ſe vo-
cavit ut ſecum de eâ re ſermonem
haberet. Laudibus, conſiliis, moni-
tis, cohortationibus egregium ejus
cœptum promovit (1). Non potuit
Autor detrectare provinciam ab illo
ſibi impoſitam cujus imperia tam
venerari debebat quàm amplecti.
His auſpiciis alacrior & animoſior
factus, omnem ſibi ſubſidio compa-
ravit doctrinam & diligentiam, omnes vires ac nervos intendit, her-
culeumque exantlavit laborem ut
opus perficeret. Ac tandem è prælo
in lucem prodierunt tot expetitæ
votis PANDECTÆ JUSTINIANEÆ IN

---

(1) Hæc probantur Epiſtolis Illuſt. Galliarum Cancellarii D. D. Dagueſſeau, ad Autorem ſcriptis: dieb. 16 Febr. 8 Septemb. ann.
1736; 1 Jan. 1739; 23 Auguſt. 1740; 10 Jun.
1741; 3 Mart. 1742; 6 Decemb. 1744; 10 Jan.
& 20 April. 1745, quas mecum humaniſſimè
communicavit Nobiliſſimus & omni laude cu-
mulatus vir D. *d'Orléans de Villechauve.*

NOVUM ORDINEM DIGESTÆ (2),
in quibus conficiendis maximam ,
non juventutis modò , fed etiam
maturæ ætatis fuæ partem , con-
fumpferat.

Agite , A u d. librum hunc , nunquam de ftudioforum manibus depo-
nendum , mente & cogitatione per-
curramus. Videte ut fervatâ titulo-
rum ferie atque illæfo legum textu ,
in tractando cujufque tituli argumen-
to , confufa ofcitatione Triboniani
ac permifta inter fe difcernit & in
ordinem adducit : ut univerfam rem
tribuit in partes & quæ infinita propè
ac innumerabilia videbantur , in
certa pauciffimaque genera cogit :
ut ejus ope , fragmenta ex veterum
Prudentum fcriptis avulfa , quantumvis mutila & lacera , principiis fuis
firmiffimo nexu cohærent , & alia
ex aliis , omnia verò inter fe apta

(2) Parif. apud *Saugrain , Defaint & Saillant ;*
Necnon Carnut. apud *Le Tellier ,* ann. 1748 ,
3 vol. *in-fol,*

colligataque , dilucidè oftendunt quæ quibus pofitis funt confequentia : ac denique ut adjectis brevibus notis , quas à Cujacio fuorum duce & adjutore laborum , maximâ ex parte mutuatus eft , mendofa & interpolata corrigit, componit diffidia , latentia explicat , obfcura & ambigua interpretando explanat. Jam , quod maximè lætandum nobis eft , prolixis & verbofis commentariis non eft opus : defpicatui ducuntur commentitiæ futilefque argutiæ quæ ingenii aciem obtundebant magis quàm exacuebant : erroris & infcitiæ nubes fugantur ac depelluntur : clariffima lux in tantis tenebris oborta undique refulget. Laudent alii Amalphitanam civitatem in qua veterum Pandectarum codicem fervatum ferunt : noftra , ob Pandectas in ordinem digeftas , majorem apud pofteros nominis celebritatem confequetur.

At, inquiet fortaffè aliquis , unus

ex doctis Lipfienfibus in Præfatione
óperi affixâ & in Titulo *de origine
Juris* multa quæ *majorem erudito-
nem, lectionem ampliorem & acumen
criticum* fapiunt , debitamque in
ópere ipfo, tanto cum labore perficiendo , curam defiderat (1).

Non multùm his commoveor.
Omittam hanc Præfationem, quam
tam acerbè tamque afperè exagitat
& infectatur, partum alienum effe
à Pandectarum Autore adoptatum,
novumque illum Ariftarchum , dum
plurima confidenter reprehendit ,
incurrere in juftam aliorum repre-
henfionem : hoc unum fubjiciam ,
perperam eum fibi *haud vulgaris
eruditionis* laudem arrogaffe. Ecquæ
enim magna & exquifita eruditio
eft, fcire, regias leges in libro *Sexti*
Papirii, an in libro *Sexto* Papirii
fuiffe confcriptas : quot legatos à

(1) Vid. Act. Erudit. Lipf. publ. ann. 1753,
n. 10, *pag.* 433 *& feqq.* Item ann. 1755, *n.* 15,
pag. 673 *& feqq.*

Græcis civitatibus leges petituros
populus Romanus in Græciam mise-
rit : Senatusconsultum Macedonia-
num nomen sumpserit à Macedone
quodam nefario filiofamilias, ut non-
nulli tradunt; an ab improbo fœne-
ratore, ut alii arbitrantur ? Quid pro-
dest legum interpretibus de ejusmo-
di tricis inter se, tanquam pro aris
& focis, digladiari : conjecturam
aliâ conjecturâ, quasi clavum clavo,
ejicere : Juris historiam toties de-
cantatam, aliaque à pluribus scripta,
paucis commutatis verbis, ac ne
commutatis quidem, describere : &
ut verbo totam rem complectar,
personam induere Plautini illius coci
qui se introiturum aiebat, ut, quod
alius condiverat cocus, alio pacto
condiret ? Quid tandem juvat ad
legum cognitionem putidas renovare
altercationes ex Tituli *de origine
juris* interpretatione natas ? An stu-
diosi semper ad hos Jurisprudentiæ
postes tanquam ad lapidem adhæ-
rescent ? Laudabunt-ne fortunas

suas quod pulcherrimam hanc scientiam, quæ ipsis in amore atque in deliciis est & cujus præclara forte nunquam audient effata, Hispanorum more, à limine salutaverint?

Nunc , cùm Autoris curam in opere ipso perficiendo, indictâ causâ & suâ tantùm nixus autoritate, improbet adversarius, non admodum molesta erit præposteri hujus judicii confutatio. Nam si tam levis est quàm eam videri voluit, cur celeberrimus *Gerardus Meerman*, Jurisconsultus Batavus, Roterodamensis reipublicæ Syndicus, idemque apud Angliæ regem gravissimâ legatione perfunctus, Autorem virum eruditissimum ac *felicissimum Pandectarum restitutorem* appellat (1) : hujus autem videndi gratiâ, civis Hamburgensis nobilissimus, Jurisque peritissimus *Henricus Kellinghusen*, Au-

---

(1) In Præfat. Tom. 4 , sui thes. jur. editi Hagæ Comit. apud Petr. de Hondt, ann. 1752.

licus Borufforum Regis Confilia-
rius, in hanc urbem venerit & .tri-
ginta novarum Pandeétarum exempla in Germaniam fecum afporta-
verit? Quid doétiffimus ille Hifpa-
nus, eximius in Salmanticenfi Aca-
demiâ Profeffor : nonne, cùm iter
faciens fummi viri tunc abfentis
confpeétu & fermone frui non pof-
fet, voluit faltem hoc Juris Auditorium videre : ingreffus in ejus fub-
fellio fedit; & poftquam exclamaffet,
*in eo fum loco in quo Jurifconfultorum
Coryphæus affidere folet*, fubfellium
amplexatus eft ? Ergo nullius momenti operis omnia ferè exempla in
Belgium fœderatum , in Germaniam , in Hifpaniam atque in alias
Europæ partes fparfa & diffeminata,
magno ære veneunt & quafi de
manibus, adjeéto majore pretio ,
extorquentur? Sed quæ demum caufa
commovit Illuftriffimum Cancella-
rium , quo refpiciente ac favente
confeétum eft, ut ordinis atque dif-
pofitionis vim , perfpicuam legum

compreffionem & miram Autoris curam, diligentiam, conftantiamque, in tantâ re, tam afperâ, tamque difficili perficiendâ, laudibus extolleret (2). Quæ una certè approbatio fatis ponderis habere debet ad retundendam adverfarii confidentiam.

Verùm, enim-verò confiteamur illud quod nobis negare non poffe acerbiffimum eft. Noftrates, quorum potiùs exemplo exteræ nationes ad Jurifprudentiam ex limpidiffimis fontibus hauriendam excitari atque inflammari debuiffent, præclarum hoc opus neglexerunt. Perverfas illas opiniones animo jam imbiberant, in tantâ hujus ætatis luce, eorum quæ latinâ linguâ confcripta funt, nec admodum fructuofam fcientiam, nec perniciofam effe ignorationem : hunc effe rerum hu-

---

(2) In jam laudatis Epiftolis quæ apud Dom d'Orléans de Villechauve, in-fchedis funt.

manarum statum, ut ad usum foren-
sem aut nihil aut parùm conferret,
legum Romanarum cognitio. His
igitur destituti auxiliis, maluerant
eam doctrinam vituperare, quam
assequi non potuerant. Atque ex
eo evenerat ut sola Pragmaticorum
quorumdam Scripta, in quibus te-
meraria decisionum malè cohæren-
tium Senatusconsultorumque invi-
cem pugnantium congeries utram-
que paginam absolvit, legendo con-
tererent : si qua autem exoriretur
controversia veræ ac germanæ Jurisprudentiæ principiis definienda,
sibi viderentur in alium quendam
orbem esse delati.

Viderat hæc Pandectarum restitutor, cui jam patrii juris in Acade-
mia nostra publicè docendi nego-
tium, suscipienti magìs quàm am-
bienti, mandatum fuerat. Nihil muneri suo convenientius præstari à se
posse existimaverat, quàm si daret
operam ut hoc quoque studium in
integrum

integrum reftitueretur. Id confilii
cùm adhuc juvenis cepiffet, huc
propè fenefcens, confecto felicitèr
Pandectarum opere, totus incubuit.
Duodecim poftremos ætatis fuæ annos ad hunc finem confumpfit, &
intrà hoc breve fpatium viginti volumina edidit, nec deftitiffet alia
prælo mandare ; nifi acerba mors ei
de manibus calamum eripuiffet.
Ignofcite, A. fi paucis perftringo
hujus argumenti partes, de quibus
Oratores optimi copiosè ac ornatè
dixerunt.

Hoc tamen non prætermittam,
utiliffima illa volumina, ex quibus
alia mores patrios veterum Jurifconfultorum præceptis illuftratos, alia
verò elegantiffimas tractationes ex
novis Pandectis defumptas & ad
hodiernum ufum aptatas exhibent,
ab eo Gallicâ linguâ confcripta
fuiffe, ut conftaret inter omnes Gallicum Jus tam jejunum, tam nudum,
tamque divulfum ac diffolutum,

b

suppleri, ornari, amplificari & ad
artem quamdam redigi non posse;
nisi Romanæ leges subsidio venirent.
Nec eum omnino fefellit spes quam
sibi in laboribus posuerat. Pragma-
ticis enim persuasit illam quam spre-
verant Academicorum doctrinam,
iis necessariam esse qui peritè ac
decorè in foro versari volunt: tan-
tumque in eorum animos infudit ar-
dorem, ut innumeri Juris Justinianei
corpus in vernaculum sermonem
conversum, typis dignum putave-
rint, seque ad sumptus faciendos
repræsentatâ pecuniâ obstrinxerint.
Quantùm autem ipse apud omnes
horumce Scriptorum autoritate va-
luerit, ex eo intelligemus quod sæpè patroni, vel etiam in supremo
Senatu causam agentes, testem ap-
pellaverint eum, & ab ea quam pro-
baverat opinione judices non re-
cesserint. Quod quidem honoris
haud scio an anteà cuiquam viventi
unquam tributum fuerit.

Satis demonstrasse videor hunc doctrinâ cæteris præstitisse, quâ Jurisprudentiæ alumnis viam munivit expeditissimam & maximè compendiariam ad legum cognitionem. Jam alterâ parte orationis videndum quomodò morum integritate præstiterit atque effinxerit legum sanctimoniam.

PARS ALTERA.

UBI corruptela mores invasit, & plerique otio, deliciis, ambitioni, quæstui sumptuique dediti, à virtute atque officio desciverunt, divino consilio procreantur priscæ integritatis ac severioris disciplinæ retinentes homines, ut quas laudes multi in his prædicari palàm & commendari viderint, ad earum æmulationem vehementiùs incendantur. In hujus gloriæ partem venit vir bonus de quo hic sermo habetur. Ut olim apud Romanos M. Cato, majorum vestigiis, ab ipso

ineuntis ætatis principio ad finem
ufque, infiftere ftuduit, neque ab
optima eorum vivendi confuetudine
unquam ullum temporis punctum
deflexiffe vifus eft, natus in fui fæ-
culi ac pofteritatis exemplum. Doctrinâ Cujacius alter, fuis etiam in-
corruptis moribus effinxit legum
fanctimoniam. Præclaram hanc laudem anteà præftantiffimi illius in-
terpretis propriam, fuam fecit. Hoc
me facilè probaturum confido. Cla-
riffimis enim argumentis notifque
quas res ipfa dabit, oftendam, pri-
mò, eum ad maximi momenti ftudia
fimplicem ac modeftiæ plenam vivendi, fcribendi atque agendi rationem adjunxiffe ; in quo, legum,
quæ de rebus maximi ponderis fine
ullo verborum fuco & apparatu fe-
runtur, expreffam quamdam effi-
giem agnofcemus : tum etiam, eum-
dem, non fecus ac leges, ex quibus
quàm maximus fructus ad omnes
pervenit, in exequendo duplici mu-
nere quod fufceperat, talem fe præf-

titiffe, ut ad eum finem omnia officia
referret : ac denique, illum arden-
tiffimo erga religionem amore af-
fectum fuiffe, quo fublato, legum
morumque fanctimoniam tolli ne-
ceffe eft. Dum hæc tria perfequor,
A. benigné aufcultate.

Sæpè homines addicti negotiis
quæ celebritatis aliquid ipfis parere
poffunt, maximè fi quantulamcum-
que jam adepti fint famam & opes
fuppetant, muneri quoque fuo viciffim, externo fumptu, decus ac fplendorem afferre conantur. At ille, exif-
timans dotibus ad munus obeundum
idoneis, fervatoque officio, illud
honeftandum effe, femper ab omni
luxuriâ longiffimè abfuit. Tanto ftudio vitæ cultum cum elegantiâ &
copiâ repudiavit, quanto eum plerique confectantur. Vulgarem tantùm
& nullius ferè faporis cibum adhi-
bebat, ut reficeret vires valetudi-
nemque ad labores perferendos fuf-
tentaret. Paternâ & avitâ fuppellec-

tile utebatur, ad neceſſitatem magìs quàm ad inanem quamdàm divi-
tiarum oſtentationem. Eamdem me-
diocritatis rationem in veſtitu ha-
bendam eſſe putabat. Quacumque
enim anni tempeſtate delectabat
eum idem exterioris veſtimenti genus, eodem colore imbutum, virile,
tàm ab agreſti negligentiâ quàm à
fútili quovis ornatu aut exquiſitâ
munditie remotum. Poſſem multa
dicere de congreſſibus & familiari-
bus colloquiis, in quibus etiam ſumma moderatio gravitati mixta elu-
cebat; ſed me ad ſeſe rapit, & hæc
minora relinquere monet ejus ſcri-
bendi ratio.

Multi, præcipuè ex Italicâ Scho-
lâ, legum interpretes, non aliter ſe
Juriſconſultos viſum iri putaverunt,
quàm ſi horrido, & incompto dicendi genere uterentur: aliis autem tanta verborum cura fuit, ut in
Grammaticorum potiùs quàm in Ju-
riſconſultorum numero eos haberi

conveniat. At illum, ab utroque vitio alienum, adhuc in eâ re modum ac decorum tenuiffe, non dubitanter affirmo; quicquid dixerint molles quidam & voluptarii qui non in levibus folùm; fed etiam in tantæ frugis ac præftantiæ fcriptis, luxuriem & delicias quærunt. Gallicum ejus fermonem nullo artificio elaboratum, nullâ diligentiâ excultum ac expolitum effe cenfent. A quibus libenter quæfierim, an maximis laboribus lautiffimam comparaverit doctrinæ fuppellectilem, ut aures concinno verborum fono demulceret? Nam fi, ut intelligentes fatentur, in explanandis legibus, fimplici, nitidâ & perfpicuâ oratione, veterum Jurifconfultorum more, ufus eft: fi juris præcepta, tam clarè tamque dilucidè expofita, in difcentium animos faciliùs influere poffunt: fi, fpretis omnibus quæ nonnifi ad fucum faciendum profunt, fincerè ac modeftè fcripfit, ut ipfæ leges loqui folent: hoc profectò mihi affentientur omnes, pleniſſimè eum præſtitiſſe quod muneris ſui morumque ſuorum ratio præſcripſerat. Hæc una eſt eloquentia noſtræ artis propria: aut ſi aliam diſſentientes confinxerunt, oſtendant nobis qualem eam eſſe oporteat.

Ultrà pergam: alia quippe mihi in promptu ſunt modeſtiæ exempla, ex quibus ſingularis quædam effloreſcit morum ejus & legum conſenſio. Ut enim leges, quæ non aliâ re magìs quàm bonitate ſuâ commendari debent, procemia epilogoſque reſpuunt : ita & eos ille ſemper aſpernatus eſt. Hinc iis utentes, & extra rem ad permovendum verba facientes, cauſarum patronos ægrè ferebat. Hinc ipſe, cùm præſertim de ſe loqui indecorum exiſtimaret, nec ſcriptorum titulis nomen ſuum addi paſſus eſt, nec precibus unquam adduci potuit ut aliquam, quæ ad ea ſcripta præmitteretur, præfationem excuderet. Pandectis

præfixam, hortatu amicorum invitus
penè ac recufans , adoptavit. Et
quod magis mirandum eft, propter
eam injuriâ laceffitus, fui defenfio-
nem, quam alius eo infcio nec opi-
nante fufceperat, gratam acceptam-
que non habuit. Hæc caufa di i non
potuerat, quin multa fimul de laudibus ejus dicerentur quas minimè libenter audire confueverat. Animo
igitur libentiori injuriam pertulit
quàm laudem ; digniffimus cujus
memoria, in hoc lectiffimorum hominum cœtu, folemni laudatione
celebraretur. Utinam fe ipfum tueri
ac defendere voluiffet ! ftetiffet in-
tra præftitutos inculpatæ tutelæ fi-
nes, quos defenfor ille injuftâ critici
velitatione commotus, prætergref-
fus eft.

Ab eo etiam fervatum fuiffe divi-
tiis utendi modum, non inficiabun-
tur omnes qui ejus vitæ conditio-
nem infpicient. Namque cœlebs
vixit & non modicas à parentibus

b v

vel propinquis facultates acceperat.
Contempfiffet eas, fi non habuiffet.
Cùm autem honeftâ ratione ad eum
perveniffent, naturalia illa bona nec
afpernatus eft , nec, veterum quorumdam Philofophorum exemplo,
commentitiâ fuperbiâ rejecit. Id
enim non magìs moderati animi effe
arbitrabatur quàm fi ea in fumptum
& libidines profudiffet. Poffeffiones
fuàs incultas ac defertas non reliquit; fed earum reditibus annuis &
obventionibus ita ufus eft, ut opes
omninò habuerit tanquam liberalitatis ac beneficentiæ adminiftras :
decedenfque fatis amplum, ad he-
redes gradu remotos, patrimonium
tranfmifit. Quid eft, quæfo, rei familiaris curam gerere, fi hoc non
eft ? Non equidem ejus augendæ cu-
piditate aut amittendæ metu torque-
batur. Studiis deditus quæ mentem
à leviffimi momenti rebus abducunt,
has vel prorfus neglexit, vel aliis
curandas permifit quorum fidem
perfpectam & exploratam habuerat.

Adversùs debitores, vel etiam locupletes in longiffimi temporis morâ conftitutos, actionibus non expertus eft, & iis, quos minùs folvendo effe fufpicabatur, creditam fæpefæpius pecuniam condonavit. Sed quis hæc vitio, non laudi: incuriæ nimirum potiùs quàm moderationi celfitatique animi, danda effe opinabitur?

Ex hoc uno indicio, illam, quæ ipfius quidam veluti character fuit & quam in omnibus præ fe ferebat, modeftiam ac moderationem cognofcite. Latinis Poëtis potiffimùm delectabatur, qui Romanorum ætati fuæ fupparium luxuriem, & infatiabilem accumulandarum opum cupiditatem, acriùs infectati funt. Cùm igitur inter nos de Horatio fermo effet, cujus præftantiora loca memoriâ tenebat, & incidiffet in Odarum libri fecundi decimamquintam, ubi poëta nervofis verfibus increpat fumptuofum fui temporis faftum: eam quafi poetico

quodam spiritu afflatus recitabat, &
hæc verba, voce, gestu etiam &
oculis ad vim addendam compositis, efferebat.

> . . . . Non ita Romuli
> Præscriptum, & intonsi Catonis
> Auspiciis, veterumque normâ.
> Privatus illis census erat brevis,
> Commune magnum.

In quo & ipse pravos nostræ ætatis privatorum mores tacitus redarguere videbatur.

Dixi cœlibem eum vixisse: at in
tam salebrosâ tamque proclivi ad
libidinem vivendi conditione, quanta semper extitit ejus continentia!
qui ne juvenis quidem, non æqualibus modo suis nullam unquam
turpitudinis aut flagitii suspicionem
dedit; sed ita vixit, ut senioribus
ipsis perfectum & absolutum esset integritatis & innocentiæ exemplum.
Neque existimandum est hoc ei na-

turâ tributum effe, ut contra volup-
tatum illecebras non contenderet,
rarâque felicitate fine prælio victo-
riam confequeretur. Non enim,
nifi qui cum hofte congrediatur &
vincat, militem laudaverim : & facilè in hanc adducor opinionem, eum
qui à cæteris cupiditatibus, animi
moderatione invictum fe præftitit,
continui laboris, roboris animi,
conftantiæ, ac præfertim religionis
fubfidia fibi comparaffe, ut fortitèr
pugnando libidinem vinceret.

Hæc privatim : nunc ea quæ publicè geffit videamus. Quàm conf-
tanter, quàm affiduè operofa, quibus adfcriptus erat, munia fuftinuit!
Quantum in procurandis hominum
commodis, legum exemplo, pofuit
ftudium! Nec remiffionibus animi,
quæ adolefcentiæ concedi folent,
aut iis voluptatibus, quibus matu-
rior ætas fine reprehenfione capi-
tur, nec moderato quiete ac otio,
in quo plerumque honeftum ine-

àliquod feneƈtutis perfugium; fed minùs afperis laboribus, intervalla ftudiorum negotiorumque interpunxit. Putavit legum cognitionem, ad quam maximus in dies cumulus accedebat, mancam quodammodò futuram effe, nifi eam ad publicam utilitatem proferret. In eâ cogitatione defixus judicandi munus fufcepit, & ei obeundo tam affiduam annos quinquaginta dedit operam, ut ex faftis diebus nulli elapfi fint, quibus fui copiam litigantibus non fecerit. Juvenis inter fenes, Tyro inter veteranos mirabili doƈtrinâ inftruƈtus fedit, cui nihil præter forenfem ufum deeffe videbatur. Sed mox in eo verfatus idoneamque ad fuffragium ferendum ætatem confecutus, exemplo comprobavit illud, quo veteres totum judicis officium concludi poffe arbitrabantur: legem effe mutum judicem, judicem verò legem loquentem. Etenim leges ita in deliberationibus interpretatus eft, ut ipfæ, fi loquerentur, non plenius aut dilucidiùs fenfus fuos explicarent. Quantus autem & quàm uberrimus fructus ex eo capi potuerit, integerrimis doctiffimifque viris notum eft, qui, ut ejus voce ac doctrinâ fruerentur, ad eum ora & ftudia convertere folebant.

Infelici temporum viciffitudine multùm decreverat ejus collegarum numerus: vix fuperftites præfinitum litibus fine provocatione dirimendis explebant. Quid non contulit ex eo quod eniti atque efficere poterat, ad hoc Curiæ damnum refarciendum! Optimos adolefcentes ingenio moribufque confpiciendos, in quibus etiam doctrina præcurrebat ætatem, adhortatus eft, ut tam utile tamque honorificum jurifdicundi munus expeterent, nec pulcherrimam fpem fruftrari finerent quam patria in eximiis eorum dotibus repofuerat. Alacri animo cohortanti obfecuti funt. Vir publici commodi amantiffimus numerosâ, ut ita dicam, fobole, Curiam replevit. Neque in eo conquievit flagrantiſſimum ejus ſtudium. Novos illos glorioſi laboris focios ac conſortes domo invitavit, ut intereſſent diſceptationibus quas de jure jamdiù inſtituerat. Cùm eorum causâ, tum ut magis concivium totiuſque provinciæ utilitati conſuleret, ſelecta patrii Juris capita, pleriſque negotiis accomodatiſſima, in quæſtionem vocabat. Ex ejus ore profluebant quæ de his rebus cogitari prudenter, aut certò definiri ac ſtatui poſſunt. Sic formabat diſciplinæ ſuæ alumnos, ut, ætate provectiorum exempla ſecuti, veri etiam eſſent legum miniſtri & cuſtodes, novaque luminibus adjungerent lumina.

Jam verò mihi videor illum quotidiè ad hoc Juris auditorium gradientem videre, in quo, tanquam in aliquâ civilis ſapientiæ officinâ, ſumma poteſtas Magiſtratus cauſarumque patronos inſtrui ac informari

juffit. Hunc refpexerat finem, cùm
fe Gallici Juris docendi provinciæ
addixerat. Itaque nec labori , nec
fumptui, nec valetudini pepercit, ut
ambientes munera, in quibus tan-
tum autoritatis eft ac momenti ad
publicam utilitatem, iis aliquando
rectè & pro dignitate fungerentur.
Quos prælo quotannis mandabat li-
bros vernaculâ linguâ conſcriptos,
vivæ vocis oracula fundens evolve-
bat, & auditorum ftudiis meliùs fe
conſulturum putabat, fi contractuum
regulas exhiberet, quibus commer-
ciorum fides, focietas hominum inter ipfos & vitæ quafi communitas
continetur. Hinc eas, quò fructuo-
fiores illis effent, ad interioris obligationis & confcientiæ normam re-
tulit , ac diligentiffimè perfecutus
eft. Notiffimæ hujus regulæ, nobis
à veteribus Jurifconfultis traditæ ,
non omne quod licet, honeſtum eſt (1)
vim mentemque perfpexerunt, &

---

(1) L. 144, pr. ff. de Reg. Jur.

illud potiffimè intellexerunt, non
cùm civilibus tantùm legibus obtem-
peramus ; fed & cùm ex naturæ præf-
cripto vivimus , omnem honefta-
tem , omnem officii ac virtutis fplendorem perfeſtamque omni ex parte
juftitiam , elucere.

Nec fatis habuit tam egregiè partes fuas agere ; nifi etiam collegarum fuorum partibus noftræque Academiæ inferviret. In adolefcentium
gloriæ appetentium animis, gloriæ
igniculos excitavit , ut doſtrinam
ardentiùs appeterent. Rem cognitam
& apud omnes pervulgatam loquor.
Nam quis eft qui nefciat eum ho-
neftiffima præmia, aurea nimirum
numifmata, Jurifprudentiæ alumnis
tam fuis quàm reliquorum Ante-
ceíforum auditoribus , fuis fumpti-
bus decreviffe, quò magìs eos ad
nobilem ingenii & doſtrinæ conten-
tionem alliceret : multos fpe viſto-
riæ, quafi non indecoræ cujufdam
voluptatis titillatione allectos , in

variis exercitationibus, quæ fingulis
annis publicè habebantur, eximium
laboris ac diligentiæ fpecimen edi-
diffe : victores magno adftantium
plaufu comprobatos, honorem, di-
gnam virtutis ac fcientiæ mercedem,
affecutos fuiffe, auro quo donaban-
tur longè pretiofiorem ? Sed illud
in primis fibi lætandum effe vide-
bat, quòd ex his, qui in hujufmodi
certaminibus probati fuerant, numero plurimi poftea, cùm in hac
urbe, tum in aliis, patriæ utiliffi-
mam operam navarunt.

Cernite, A. miram ejus in procurandis hominum commodis conftan-
tiam. Calamo quem multo manè
fumpferat, ut fcriptis fuis vacaret,
tam ex Academico quàm ex forenfi
auditorio domum reverfus, manum
injiciebat. Totos dies operi inhæ-
rens, vix fibi ad vires prandio inf-
taurandas, indulgebat fpatium : nec
alias, nifi ut de jure confulentibus
refponderet, laboris intermiffiones

fieri patiebatur. Innumeri enim ,
non dicam concives tantùm ; fed
etiam exteri, tam ignoti quàm familiares & cogniti, tam è mediis ac
infimis quàm è confpicuis , ejus
confilio utendi causâ , eum fæpe
conveniebant. Cui unquam fuum
ille mufæum patere noluit ? Quem
non comiter excepit ? Cujus verba
quantumvis prolixa patienter ac benignè non audiit ? Brevibus dilu-
cidifque refponfis omnes ex incer-
tis certos dimittebat , & repetito
confeftim opere , illud acriùs per-
fequebatur, ut ex fcriptis deinceps
unufquifque ac univerfi , minore
negotio refponfa peterent.

Quis jam mirabitur hominem jurifdicundi docendique muneribus,
ftudiis, fcriptis, omniumque utili-
tatibus mancipatum : cui nec alia
procurare commoda, nec fibi vivere
licebat, fe , à publicis quibufdam negotiis removiffe, eorumque admi-
niftrandorum poteftatem aliis ac

laudem conceffiffe, quam ipfe po-
tuiffet adipifci, fi propofitum fuum
& tam fructuofam agendi rationem
mutare voluiffet.

Praeclara quidem funt quae hac-
tenus audiftis; fed ea pro nihilo
putanda effe duxit; nifi omnia diligenter fervarentur religionis officia,
quibus pofthabitis, nullam excogi-
tari atque effingi poffe diximus legum morumque fanctimoniam. Indè
factum eft ut vitam non minùs pie-
tati quàm doctrinae tribueret, fuifque
muneribus ac officiis tanquam ex
religionis praefcripto perfungeretur.
Quotidiè rei divinae intereffe, eâ
primo diluculo diurnos labores auf-
picari, omnes partes, omnia veri
chriftiani munia obire ac peragere
folebat. Suî profufus in pauperes,
nunquam ullum diem abire paffus
eft, quo non alicujus fublevaret
egeftatem : tantaque faepefaepius extitit largitas, ut ipfum liberalitatis
fontem exhauriret. In eos autem

non oftentatione ductus, fed com-
miferatione : non inani gloriâ, ut
benignè facere videretur, fed muneris cujufdam exequendi ftudio :
non folâ humanitate, fed charitate
tam beneficus ac liberalis fuit. Et,
ut verbo dicam, divinis præceptis
imbutus, quæ officia humanitatis ac
beneficentiæ quafi quodammodo ad
perfectæ obligationis & juftitiæ gradum evehunt, eoque amore impul-
fus quo religionem complectebatur,
pauperibus largitus eft.

Nec tantùm ad extremam egeftatem redactos ; verùm etiam aut
anguftiâ rei familiaris, aut ære alie-
no, aut temporum acerbitate, aut
calamitate publicâ oppreffos & af-
flictos, in pauperum numero habuit.
Egregia illa facta ftudiosè occulta-
vit. Veftram, hîc ego, concives noftri, ad quos plena & adæquata pervenit eorum cognitio, veftram, in-
quam, imploro fidem & auctorita-
tem. Scitis quàm munificus fuerit,

quantam erogaverit pecuniam, cùm
Ligeris, repentino fervens æstu,
tot naviculas dejecit, tot abforbuit
merces tantamque miferorum hominum rebus importavit jacturam :
cùm Romorentinæis eodem calami-
tatis genere vexatis ac efurie labo-
rantibus, comportatâ ex hac urbe
magnâ farris copiâ, fubventum eft.
Quid Genabæos commemorem ?
Nonne & ipfis, in fummâ rei fru-
mentariæ inopiâ & caritate, opem
tulit ? Singula non perfequar quæ,
temporis anguftiis exclufus, non
poffum ne breviter quidem & ftric-
ctim attingere.

Quoties autem ille vir beneficen-
tiffimus, quia religionis amantiffimus erat, mecum graviter con-
queftus eft de effrenatâ quorumdam
Pfeudophilofophorum licentiâ, qui,
fcriptis fuis religionem adorti, nefa-
rium aris bellum indixerunt ! Nof-
tram dolebat vicem, quòd hac ætate teterrima illa lues, afflatu fuo

Galliam infeciffet. Verebatur ne ,
cùm effet ex morum depravatione
nata, ipfa viciffim morum depra-
vationi afferret cumulum, publicif-
que inftitutionibus ac difciplinis nervos tandem incideret. Cujus rei lu-
culentum in pofthumo ejus tractatu
nuperrimè publici juris facto, extat
teftimonium (1). Ecquis unquam
melius exemplo demonftravit, quantùm profit hominibus religionis morumque conjunctio? Ifti quidem por-
tentofam finxerunt hypothefim, eos
nempè, qui Deum effe negant, bo-
nis moribus imbui poffe. Quibus, fi
vellem hîc latiùs evagari, oppone-
rem fophiftam qui primus perniciofam hanc opinionem inculcare mo-
litus eft (2), cujus fcrinia & in
primis *Dictionarium Hiftorico-criti-
cum* compilaverunt, dum hoc opus
confarcinaret omnéfque religiones
fubdolis cavillationibus infectaretur,

---

(1) In tract. de præfcript. §. 100, in fin.
(2) In libro cui titulus præfigitur *Penfées di-
verfes à l'occafion de la Comète.*

in conquisitissimis obscœnitatum sor-
dibus adeò volutatum fuisse, ut am-
biguum reliquerit, utrum magìs opinionibus religioni infensis, an obs-
cœnitate delectaretur. Possem gra-
vissimos sapientissimosque Philoso-
phos in medium educere existiman-
tes, pietate adversùs Deum sublatâ,
fidem etiam, humani generis socie-
tatem justitiamque tolli. Sed hæc
missa facio. Adduxi Philosophum
verè Christianum, simplicem, à
quolibet sumptu fastuque remotum,
omnibus cupiditatibus ac libidini
frenum injicientem, officii servan-
tissimum, æquitatis amantem, integrum, omnium inservientem commodis, charitatis cultorem : quem
denique ardentissimus amor, quo
religionem prosequebatur, talem
effecit ac informavit. Eant nunc
Atheismi præcones, & quemquam
ex impiorum aut è suo grege pro-
ferant, cujus mores cum hujus
tam pii viri moribus comparare au-
deant.

VERUM quid in eo laudando immoror ? An ut, ex tot tamque excellentium virtutum recordatione, plus mœroris percipiamus, aut aliquam indè repetamus ægritudinis levationem ? Quòd eo jam frui nobis non licet, noftrum quidem id malum eft; at non totus è vitâ ceffit. Aliis vixit, non fibi. Nobis vivit adhuc Scriptis & exemplis. Hæc, æquè ac illa, cunctis profutura funt. Cùm in hujus Cathedræ poffeffionem induceretur dilectiffimus collega nofter, omnium voto & affenfu in ejus locum fuffectus (1), egregiè laudavit eum & ultrà progreffus eft. Ejus impreffum veftigiis iter ingredi conftituit. Se doctrinâ & moribus dignum præftitit, qui tanto viro fuccederet. Pergat, ut facit, præclarum hoc nomen tueri ac retinere. Huic parieti Cathedræ oppofito affixum marmor, nullis fignis nulloque or-

---

(1) Cl. Antecеff. Dionyfius *Robert de Maffy.*

namento arte quæsito distinctum, hæreat. *Res ornari vetat contenta doceri.* Hæc verba, in eo incisa, legant deinceps muneri *Antecessorio* præficiendi : his expressum exemplar intueantur & illud sibi ad imitandum proponant.

H I C D O C U I T

Robertus-Josephus POTHIER *, Antecessor,*
Idemque in præsidiali *Judicum consessu Consiliarius* ;
Pandectarum Restitutor felicissimus,
Scholarum & Fori lumen,
Cujacio Molinæoque non absimilis.
Doctrinâ & moribus præstitit ;
Illa viam munivit expeditissimam
Ad Legum cognitionem :
His effinxit Legum sanctimoniam.

ÉLOGE

HISTORIQUE

DE

M. POTHIER,

Par M. Le Trosne, Avocat du Roi au Préſidial d'Orléans.

L eſt des hommes ſi célebres dans leur genre, qu'il ſuffit de les nommer pour donner l'idée de la perfection. Tel fut dans la ſcience du Droit, *Charles Dumoulin* : tel a été de nos jours M. POTHIER. Ses contemporains l'ont regardé comme le plus grand Juriſconſulte qui ait paru depuis pluſieurs ſiécles. Son avis a fait autorité de ſon vivant dans les Tribunaux; & la poſtérité ne fera que confirmer & affermir ce jugement.

Si nous n'avions à admirer en lui que la ſcience du profond Juriſ-conſulte, il ſuffiroit de renvoyer à ſes Ouvrages, qui contiennent émi-nemment cette partie de ſon éloge. Mais cet homme excellent nous a fourni le modele le plus parfait du Philoſophe Chrétien, du Sage, du Magiſtrat, du Citoyen. Les qualités de ſon cœur nous l'ont rendu plus cher encore & plus rèſpeĉtable que ſes talens. Elles ſont gravées par la reconnoiſſance & l'admiration, dans la mémoire de tous ceux qui ont été à portée de les contempler : & ſans doute ils en conſerveront à jamais le ſouvenir. Mais ne de-vons-nous rien à ceux qui ne con-nóiſſent que le Juriſconſulte; ne de-vons-nous rien à ceux qui nous ſui-vront ? Les exemples des grands-hommes ne peuvent être tranſmis que par ceux qui ont vécu avec eux: c'eſt une dette que les contempo-rains contraĉtent envers la poſtérité.

Nous recherchons avec empreffement les tableaux qui retracent à
nos yeux les traits des hommes célebres. Je me félicite de poſſéder
le portrait de M. Pothier : je me
rappellerai toûjours, avec la plus
vive ſatisfaction, la peine que j'ai
eue à obtenir cette faveur, & la
violence que ſon amitié pour moi
a faite à ſa modeſtie.

Ne nous reſte-t-il donc plus de
lui que cette reſſemblance froide &
inanimée que le burin s'eſt empreſſé
de multiplier? Triſte & ſtérile con-
ſolation, plus propre à entretenir nos
juſtes regrets qu'à les calmer. Ne
poſſédons-nous pas un tréſor infiniment plus précieux; le ſouvenir de
tant de vertus qui formoient le caractere de cet homme unique? N'eſt-
ce pas-là cette reſſemblance qu'il
nous importe le plus de conſerver?
Mais qui peut eſpérer de peindre
dignement les traits de cette ame ſi
belle, ſi ſimple tout-à-la-fois & ſi
ſublime; de cette ame qui ſembloit
être d'un ordre ſupérieur & élevée

au-deſſus de la condition ordinaire
des hommes ? Comment éviter d'ê-
tre accuſé par les uns d'avoir exa-
géré le tableau de ſes vertus , &
d'être en même-temps accuſé, par
ceux qui l'ont connu , de l'avoir à
peine ébauché ? Marchons entre ces
deux écueils , en payant un juſte
tribut de louanges à la mémoire d'un
homme qui a tant honoré ſon ſiecle,
ſa patrie & l'humanité. Tâchons de
réunir la vérité de la reſſemblance
à la modeſtie du ſtyle : plus ſon
éloge ſera ſimple , moins il ſera in-
digne de lui.

PREMIERE PARTIE.

Mr. POTHIER naquit à Orléans
le 9 Janvier 1699, d'une famille honorable ; ſon pere étoit Conſeiller
au Préſidial. Il apporta en naiſſant
un tempérament foible, qu'il forti-
fia par la tempérance & la ſobriété,
& des diſpoſitions que l'étude &
l'application développerent par la
ſuite. Il en eſt de l'eſprit comme

du corps : faute de l'exercice qui lui eft propre , il perd l'ufage de fes facultés , qui s'engourdiffent dans l'inaction. La principale utilité d'un maître , confifte à fixer la légéreté par l'application ; à régler & à modérer l'imagination ; à former le jugement ; à donner du reffort à l'efprit en l'accoutumant à réfléchir, à examiner, à difcuter. Mais il eft infiniment plus rare de trouver ce talent dans les maîtres, que des difpofitions dans les jeunes gens ; & faute de cette culture, combien de fujets deviennent incapables des études fuivies & férieufes !

Ces fecours manquerent abfolument à M. Pothier. Il perdit fon pere à l'âge de cinq ans , & ne trouva de reffources qu'en lui-même pour fon éducation. Le Collège des Jéfuites étoit très-foible, & il y fit de bonnes études ; parce que les hommes de génie n'ont befoin que d'être mis fur la voie , & ne doivent leurs progrès qu'à eux-mêmes. Les bons Auteurs de l'antiquité qu'on

c. v

lui mit entre les mains, furent fes maîtres : dès qu'il parvint à les entendre, il fçut les goûter ; & le goût décide néceffairement du fuccès. Aidé d'une mémoire heureufe & d'une grande facilité, feul enfuite il perfectionna fes connoiffances, & parvint à acquérir un fonds de littérature qu'il conferva toute fa vie, fans avoir le temps de le cultiver; & un difcernement fûr qui eft le principal fruit des bonnes études.

Il fit fon Droit dans l'Univerfité d'Orléans, qu'il devoit un jour rendre fi célebre, & y trouva moins de fecours encore pour l'étude des Loix, qu'il n'en avoit trouvé au College pour celle des Lettres. Les Profeffeurs qui occupoient alors les Chaires de l'Univerfité, abfolument indifférens aux progrès des jeunes gens, fe contentoient de leur dicter quelques leçons inintelligibles, & qu'ils ne daignoient pas mettre à leur portée. Ce n'étoit pas proprement la fcience du Droit qu'ils enfeignoient. Ils ne préfentoient de

cette science si belle & si lumineuse
par elle-même , que ces épines &
ces contrariétés qui lui font étrangeres , & qui n'y ont été introdui-
tes que par l'incapacité & la mau-
vaise foi des rédacteurs des Pandectes : au-lieu d'expliquer les textes
d'une maniere propre à instruire , ils
ne remplissoient leurs leçons que de
ces questions subtiles , inventées &
multipliées par les Controversistes.

A cette maniere d'enseigner, on
auroit pu croire qu'ils n'avoient d'autre objet que de fermer pour toujours le sanctuaire des Loix aux Etudians , par le dégoût qu'ils sçavoient
leur inspirer : semblables à ces anciens Patriciens, qui , pour tenir le
peuple dans leur dépendance , lui
cachoient , avec si grand soin , les
formules des actions , & s'étoient
approprié la connoissance des Loix
qu'ils avoient soin de voiler sous
une écorce mystérieuse. Un ensei-
gnement si peu instructif & si défectueux , ne pouvoit satisfaire un esprit aussi solide & aussi juste que

celui de M. Pothier : heureufement
il ne fut pas capable de le rebuter ; il en fentit les défauts, & fup-
pléa, par fon travail, aux fecours
qui lui manquoient. Dans toutes les
fciences, ce font les premiers pas
qui font les plus difficiles ; il les fran-
chit feul par l'étude férieufe des
Inftituts, dans laquelle il s'aida du
Commentaire de Vinnius, & fe pré-
para ainfi à aller puifer à la fource
même du Droit, par l'étude la plus
profonde & la plus fuivie des Pandectes.

Il ne fçavoit point encore, en
terminant fon Cours, quel ufage il
feroit des degrés qu'il avoit fi bien
mérités. Il s'agiffoit pour lui de fe
décider fur le choix d'un état : démarche fi importante, & dans laquelle le hafard, un goût paffager,
ou les circonftances, décident fouvent du fort de la vie. Il forma le
projet d'entrer dans la Congrégation
des Chanoines Réguliers, & n'en
fut détourné que par l'attachement
qu'il avoit pour fa mere. Il eft à pré-

fumer que portant dans cet état un cœur plein de droiture & de religion, il eût été un excellent Religieux ; mais il n'eût été utile qu'à lui-même : & la Providence le destinoit à donner dans la vie civile, l'exemple le plus frappant de toutes les vertus chrétiennes & sociales, & à devenir dans la science du Droit, l'oracle de son siecle & de la postérité.

Il se détermina pour la Magistrature, & fut reçu Conseiller en 1720. Le choix de cet état fixa absolument celui de ses études, & dèslors la Littérature ne fut plus pour lui qu'un amusement passager. Encore fut-il obligé d'y renoncer par la suite, lorsque ses occupations se multiplierent ; mais il avoit tiré de ces fleurs les fruits les plus utiles, la connoissance des bons Auteurs, & l'habitude qui lui devint si nécessaire d'entendre & d'écrire la langue latine. Conversoit-il avec ses amis, il retrouvoit dans sa mémoire, comme dans un dépôt fidele,

les plus beaux endroits d'Horace,
& fur-tout de Juvenal, dont il aimoit principalement la force & l'é-
nergie ; & il les récitoit avec un
feu qui lui étoit propre.

Pendant les dix à douze premiè-
res années après fa réception, il
joignit à l'étude du Droit celle de
la Religion & de la Théologie,
qu'il aimoit à puifer dans les four-
ces, & principalement dans S. Au-
guftin, & dans les Ouvrages des
grands-hommes de Port-Royal,
pour lefquels il avoit la plus grande
vénération. M. Nicole fut toujours
fon auteur favori, comme il l'eft de
tous ceux qui ont dans l'efprit de la
jufteffe, & qui préferent la folidité
du raifonnement aux agrémens de
l'éloquence: il en continua la lecture toute fa vie.

Mais cette étude particuliere ne
prenoit rien fur les devoirs de fa
place. Sa grande facilité & une
économie rigoureufe de fon temps,
lui donnoient le moyen de fuffire
à tout. Il fit ufage le premier au

Bailliage d'Orléans, du droit qu'ont
les Rapporteurs d'opiner dans les
affaires dont ils font le rapport,
quoiqu'ils n'aient pas vingt-cinq
ans; & jamais cette exception à la
regle ne fut mieux appliquée. Tandis qu'il commençoit dans son cabinet à acquérir ce fonds de connoiffances, que cinquante ans du travail
le plus affidu devoient rendre fi riche & fi étendu, il apprenoit au
Palais à en faire l'application, & fe
formoit par l'ufage, que rien ne
peut fuppléer dans l'exercice de la
Magiftrature. Il y joignoit de fréquentes converfations avec un Avocat très-inftruit; fes promenades même étoient des conférences : il s'affo-
cioit le plus fouvent un ami avec lequel il avoit appris l'Italien; & pour
n'en pas perdre l'habitude, ils agi-
toient dans cette langue les queftions
qui fe préfentoient.

A peine fut-il majeur, qu'on s'ap-
perçut au Palais combien ce jeune
Magiftrat avoit déja d'acquis. À mefure qu'il étudioit une matiere, il

en compofoit un Traité ; perfuadé
que la meilleure, peut-être la feule
maniere de fe rendre propre une
fcience, eft de la travailler par écrit.
La néceffité de mettre de l'ordre
dans fes idées, de les bien concevoir pour les bien rendre, de les
envifager fous toutes les faces, force
l'efprit à l'application, & l'accoutu-
me à la jufteffe & à la méthode:
avantage que la lecture, même ré-
pétée, ne peut jamais procurer.

M. Pothier n'eut pas plutôt commencé à étudier le Digefte, qu'il
fentit cet attrait invincible qu'éprou-
va le Pere Mallebranche, à la lecture de l'homme de Defcartes : il
reconnut fa vocation, & la fuivit.

Les Loix d'un peuple auffi célebre que les Romains, forment une
partie plus intéreffante de fon hif-
toire, que celle de fes victoires & de
fes conquêtes. Cependant, fi cette
connoiffance n'étoit pour nous qu'un
objet de fimple curiofité, le travail
de M. Pothier feroit d'une utilité
médiocre, & dès-lors on peut affu-

rer qu'il ne l'eût pas entrepris. Mais
les Loix Romaines feront dans tous
les temps, & pour tous les peuples,
la vraie fource du Droit & de la
Juftice diftributive. Otez-en ce qui
s'y trouve de particulier aux mœurs
de ce peuple, à fa conftitution, à fa
forme de procéder ; le furplus eft
puifé dans les vraies notions du jufte
& de l'injufte, appliquées aux différentes actions que les hommes
peuvent avoir à exercer.

Le Droit civil devint donc le
principal objet de fes études : il s'y
fentit entraîner par un goût qui eft
le garant & la caufe des fuccès.
Mais plus il avançoit dans ce travail, plus il fentoit l'imperfection &
le défordre de la compilation qui
nous refte des Loix Romaines. Il ne
fut pas dégoûté par ce défaut : il
étoit, fans le fçavoir, encore defti-
né à le réparer. Tous les Jurifconfultes, depuis la découverte des
Pandectes, avoient fenti les incon-
véniens de ce défordre ; tous l'ont
furmonté pour eux-mêmes à force

de travail ; aucun n'a ofé entreprendre d'applanir cette difficulté pour
les autres. M. Pothier n'y auroit pas
fongé non plus, s'il n'y eût été engagé de maniere à ne pouvoir s'y
refufer. Il avoit commencé ce travail de lui-même, & pour fa propre
utilité : mais fa modeftie ne lui permettoit pas de former le projet de
l'achever & de le publier. Il avoit
jugé de la difficulté de l'entreprife,
par le peu de fuccès de Vigelius,
célebre Jurifconfulte Allemand, qui
l'avoit tentée. Cependant il avoit
achevé des Paratitles fur les Pandectes ; & ce travail étoit un ache-
minement. Il avoit fait plus , il s'é-
toit formé un plan pour rétablir
l'ordre des Textes, & l'avoit rempli
fur plufieurs titres importans. Il communiqua un de ces effais à M. Prévôt de la Janès, Confeiller au Préfidial , & Profeffeur de Droit François, qui , jugeant de la poffibilité
du fuccès par ce qu'il en voyoit,
trouva le moyen de forcer la modeftie de M. Pothier.

Il annonça à M. le Chancelier
Daguesseau, le mérite & les talens
de l'Auteur, son application infatigable, son plan & ses succès. M. le
Chancelier, qui sentoit toute l'importance de cette entreprise, chargea M. de la Janès d'encourager
M. Pothier, qui promit enfin ce
qu'on exigeoit de lui, & ne s'oc-
cupa plus qu'à remplir cet engagement. Il envoya à M. le Chancelier
plusieurs essais de son travail. Ce
Magistrat en fut très-satisfait ; l'in-
vita à venir en conférer avec lui,
& lui communiqua ses vues pour
la perfection de l'ouvrage, par un
Mémoire d'Observations qu'il lui
remit le 24 Septembre 1736, qui
prouve en même temps l'étendue
des connoissances de M. le Chancelier, & l'idée qu'il s'étoit formée
de cette entreprise (1).

_____

(1) On sera bien aise de trouver ici l'extrait
de quelques lettres de M. le Chancelier à
M. Pothier : elles se sont trouvées dans le Cabinet de M. de la Janès, qui les rassembloit.
M. d'Orléans-de-Villechauve a bien voulu me

Pour faire fentir l'étendue & le
prix du travail de M. Pothier, il

---

les communiquer. Ces lettres prouvent en
même-temps l'étendue des connoiffances de M. le
Chancelier ; l'eftime qu'il faifoit de l'Auteur, &
l'idée qu'il s'étoit formée de cet Ouvrage, dont
il avoit l'exécution très à cœur. L'approbation
d'un homme tel que M. Dagueffeau, contient
le plus grand éloge.

La premiere lettre ne fe trouve pas : *Voici
la feconde.*

» M. j'ai reçu le travail que vous avez fait
» fur le titre *De Solutionibus*, & je profiterai du
» premier moment de loifir que j'aurai pour
» l'examiner avec toute l'attention que mérite
» un Ouvrage fi difficile à bien exécuter, & dont
» l'entreprife feule mérite des louanges. Je vous
» communiquerai avec plaifir les réflexions que
» j'y aurai jointes, afin que vous puiffiez mettre
» le public en état de profiter un jour du fruit
» de vos veilles. »   16 *Février 1736.*

Troifieme Lettre. . . . . . . » Je fuis fort content de ce que j'ai vu du travail que vous avez
» entrepris, & même bien avancé, fur la Ju-
» rifprudence Romaine ; & j'y trouve un ordre,
» une netteté & une précifion qui peuvent ren-
» dre cet Ouvrage auffi utile que l'entreprife eft
» louable. Il me femble feulement qu'on pour-
» roit le porter à une plus grande perfection ;
» & j'ai fait quelques remarques en le lifant,
» qui tendent à cette fin. Comme il feroit bien
» long de s'expliquer par écrit fur une pareille
» matiere, je ne ferois pas fâché d'avoir quel-
» ques converfations avec vous pour vous ex-
» pliquer plus aifément ma penfée. Vous allez

eſt néceſſaire de donner une idée
de cet Ouvrage.

» être dans un temps de vacations ; & ſi vous
» voulez en profiter pour venir paſſer deux ou
» trois jours à Paris, je ſerai fort aiſe de con-
» noître un homme de votre mérite, & de vous
» faire part de mes réflexions. Mais ſi vous n'a-
» vez point d'autres raiſons qui vous appellent
» en ce pays, il ſera bon que vous m'avertiſſiez
» par avance du temps dans lequel vous pour-
» rez y venir, afin que je vous faſſe ſçavoir ſi
» je ſerai libre, de mon côté, dans le temps qui
» vous conviendra. Le bon uſage que vous ſça-
» vez faire de votre loiſir, m'engage à ména-
» ger vos momens avec une attention que vous
» devez regarder comme une preuve de l'eſti-
» me avec laquelle je ſuis, M. &c. *8 Septembre 1736.*

M. Pothier ſe rendit à Paris ſur cette lettre,
& conféra avec M. le Chancelier, qui lui remit
le 24 Septembre un écrit contenant ſes vues
pour la perfection de l'Ouvrage. On voit par
l'exécution, que M. Pothier en a fait uſage. M. le
Chancelier termine ce petit Mémoire par la
comparaiſon du travail de Vigelius avec le plan
de M. Pothier, qui lui eſt ſi ſupérieur. Voici
comme il s'en explique.

» L'Ouvrage de Vigelius, qui a eu une idée
» fort approchante de celle de M. Pothier, pourra
» lui être d'un très-grand ſecours ; & il y a
» quelque choſe de meilleur & de plus utile
» dans le deſſein de M. Pothier, parce qu'il
» n'emploie que les termes des Loix, & préſente
» le texte dans ſa pureté ; au-lieu que Vigelius
» écrit preſque toujours d'après lui-même, ſans

» s'affujettir aux expreffions des Jurifconfultes,
» & fe contente de citer les Loix dont il em-
» prunte les principes. »

M. Pothier envoyoit de temps - en - temps à
M. Dagueffeau des morceaux de fon Ouvrage, &
lui rendoit compte de l'avancement de fon travail. On le voit par des réponfes qui y font relatives.

. . . . » Je vois avec plaifir la
» perféverance avec laquelle vous continuez
» de travailler à un Ouvrage auffi vafte & auffi
» pénible, que celui dont vous avez déja fait
» une fi grande partie. Je me reproche depuis
» long-temps le filence que j'ai gardé fur les der-
» niers effais que vous m'en avez envoyés ;
» mais outre que le temps de vous écrire fur ce
» fujet, comme je l'aurois defiré, m'a manqué,
» je crois qu'il vaut mieux vous laiffer avancer
» votre travail, dont j'ai été fort content ;
» parce que les remarques qu'on pourroit y
» faire feront mieux placées quand vous en fe-
» rez à la revifion de tout l'Ouvrage. Il feroit
» à fouhaiter que vous puffiez avoir des ad-
» joints capables de diminuer vos peines en
» les partageant. » . . . . . Vous me férez plai-
» fir de me marquer de temps-en-temps en quel
» état fera votre Ouvrage. *1 Janvier 1739.*
» Je n'ai pu trouver plutôt le temps de ré-
» pondre à la lettre que vous m'avez écrite pour
» m'informer du progrès du grand Ouvrage que
» vous avez entrepris : j'y ai vu avec plaifir
» que vous le fuivez avec une application & un
» courage infatigables. Les analyfes que vous
» voulez mettre à la tête de chacun des titres,
» pourront être d'une grande utilité pour les

les Romains la bafe du Droit ci-

» jeunes gens : elles formeront comme des élé-
» mens de toute la Jurifprudence civile. Vous
» en profitez le premier, par les vues que ce
» travail vous donne pour perfectionner encore
» plus ce que vous avez déja fait. Il feroit effecti-
» vement à defirer que vous trouvaffiez quel-
» qu'un qui pût vous foulager à l'égard des no-
» tes. . . . . . Je ne fçaurois trop louer la conf-
» tance & la diligence avec laquelle vous con-
» tinuez à vous livrer à un travail fi pénible &
» fi immenfe, ni trop vous affurer de l'eftime,
» &c. 23 *Août 1740.*
  » . . . . . Vous prendrez la peine de me mar-
» quer à quoi montera la dépenfe néceffaire
» pour la copie que vous voulez faire faire de
» votre Ouvrage. 10 *Juin 1741.*
  M. Pothier fit un voyage à Paris en 1742 :
c'eft ce qui paroît par la lettre fuivante. » J'ai
» remis votre premier mémoire entre les mains
» de M. d'Argenfon, qui n'eft pas moins difpofé
» que moi à vous procurer toutes les facilités
» dont vous pouvez avoir befoin pour l'impref-
» fion du grand Ouvrage, que vous avez pref-
» que achevé avec un travail infatigable. Il doit
» m'en rendre compte demain ; & fi vous vou-
» lez venir chez moi à Paris mercredi matin,
» je ferai en état de vous faire une réponfe plus
» précife. 3 *Mars 1742.*
  M. Pothier répandit fon *Profpectus* en 1744,
& reçut cette lettre de M. le Chancelier à ce
fujet, » Je reçois avec plaifir le *Profpectus* que
» vous m'avez envoyé du grand Ouvrage que
» vous avez entrepris. Vous fçavez combien j'en
» ai approuvé le deffein & les différens effais
» que j'en ai vus. Le dernier que vous avez fait

vil (2). Cette Loi si célebre dont
Rome envoya puiser les principes
dans la Grece, & que tant de grands-

» imprimer, acheve de me donner une idée
» avantageuse de votre travail; & la forme de
» l'impreffion & du caractere me paroît fort
» convenable. . . . . J'aurai foin de le faire
» annoncer dans le Journal des Sçavans, pour
» vous procurer promptement le plus grand
» nombre de foufcriptions qu'il fera poffible.
» Elles ne fe feroient pas attendre long-temps,
» fi l'empreffement du public répondoit tou-
» jours au mérite des ouvrages.» *6 Décembre*
1744.

» . . . . . Je ne doute pas que vous n'em-
» ployez cette année auffi utilement que les
» autres, à achever & à faire imprimer ce grand
» Ouvrage qui vous occupe depuis long-temps,
» & qui me paroît être très bien reçu dans le
» public. . . . . Si les deux titres *De verbo-*
» *rum fignificatione*, & *De diverfis regulis Juris*
» *antiqui*, font entiérement finis de votre part,
» je ferois bien aife que vous priffiez la peine
» de me les envoyer, ou de me les apporter
» quand vous aurez occafion de venir à Paris;
» parce que j'ai quelques vues fur ces deux ti-
» tres, dont je crois que vous pourriez profiter
» pour leur donner toute la perfection néceffai-
» re, fi vous ne l'avez pas déja fait. » 10 *Jan-*
vier 1745.j

(2) Les Loix particulieres & les plébifcites
qui furent portés fous la République jufqu'au
temps d'Augufte, ne formoient pas une aug-
mentation confidérable.

hommes

hommes ont élevée au-deſſus des ouvrages les plus vantés des Philoſophes, étoit d'une ſimplicité & d'une briéveté ſinguliere. On reconnut peu-à-peu qu'il étoit indiſpenſable de l'interpréter pour en faire l'application à la multitude & à la variété des affaires ; & l'on vit paroître ſucceſſivement une foule d'explications & de Commentaires. Ces divers développemens de la Loi des Douze-Tables firent naître ce qu'on appella le *Droit civil*, dans un ſens étroit & par oppoſition aux Loix (3) ; dont ce Droit, dans ſon origine, n'avoit ni le caractere ni l'autorité. Les Préteurs adopterent cette Juriſprudence par laquelle ils trouverent moyen de modifier la Loi des Douze - Tables, & d'adoucir ſa trop grande rigueur ; & comme elle n'étoit pas encore fixée invariablement, ils annonçoient par leurs Edits, au

---

(3) *Jus prudentum interpretatione, vel diſputatione Fori introductum.*

d

commencement de leur Magistrature, les principes fur lefquels ils fe propofoient de juger. Les formules inventées, pour la pourfuite des actions, formèrent encore une autre partie du Droit civil, qui devint fi confidérable, que Cicéron fe plaignoit déja de fon temps, de fa trop grande étendue.

Mais quels prodigieux accroiffemens ne prit-il pas depuis, nonfeulement par les Sénatusconfultes, qui, fous Tibere, acquirent force de Loi, & par les conftitutions des Empereurs, mais beaucoup plus encore par les décifions, les confultations, & les Ouvrages des Jurifconfultes. Ce fut fous les Empereurs que parurent en foule Trebatius, Labeon, Capito, Sabinus, Proculus, Julien, Africanus, Caius, Scævola, Papinien, Paul, Ulpien, Aquila, & tant d'autres qu'il feroit trop long de nommer. Leurs décifions n'avoient pas force de Loi par elles-mêmes; mais elles avoient acquis par l'ufage une grande auto-

rité; elles étoient confultées & fuivies dans les jugemens, & paffoient
pour Droit non écrit.

Le Droit civil, formé de tant de
différentes parties, étoit, avec le
temps, devenu une collection immenfe, & fon étendue devoit peu-à-
peu caufer fa ruine. Les changemens arrivés dans la conftitution,
dans les mœurs, & dans la religion,
depuis que Conftantinople étoit devenu le Siége de l'Empire, avoient
apporté néceffairement bien des
changemens dans l'ancien Droit,
& devoient peu-à-peu en faire négliger la connoiffance & l'étude.

Il étoit donc bien à propos de
former de tant de matériaux épars,
un édifice unique & régulier. Que
nous ferions heureux, fi un Ouvrage
auffi important eût été exécuté dans
un fiecle plus éclairé & plus inftruit! Il ne le fut que dans le fixiè-
me, par les ordres de Juftinien,
dans un temps où le goût étoit dégé-
néré, & où la barbarie avoit commencé à défigurer l'Empire Romain.

Tribonien fut chargé de cet Ouvrage, qui auroit demandé un de ces fameux Jurisconsultes, tels qu'il n'en paroissoit plus depuis long-temps. Mais quoiqu'infiniment inférieur au travail qu'il entreprenoit, il auroit pu le rendre moins défectueux, s'il y eût employé le temps nécessaire ; s'il eût exécuté ce travail avec plus de maturité & de réflexion. Il avoit à parcourir & à extraire les Ouvrages & les Traités particuliers d'une foule de Jurisconsultes, qui formoient deux mille volumes : il s'agissoit de comparer les Textes, de les rapprocher dans un ordre convenable ; d'en retrancher un grand nombre en s'attachant à ce qui étoit essentiel ; de choisir sur chaque matiere ce qu'il y avoit de plus important ; d'en ôter les contrariétés, sans cependant négliger de nous instruire des diverses opinions des grands Jurisconsultes, sur les questions controversées entr'eux ; de conserver la connoissance de l'ancien Droit, & d'établir les changemens qui y étoient arrivés.

On n'employa que trois ans à ce travail : auffi avec quelle négligence & quel défordre n'a-t-il pas été exécuté ?

L'ancien Droit s'y trouve défiguré , non-feulement par le défaut d'exactitude, mais fouvent auffi à deffein : plufieurs Textes ont été altérés par des additions inférées, pour les rapprocher du nouveau Droit. On nous a privés de la connoiffance des mœurs & des Loix anciennes qui étoit encore répandue du temps de Juftinien ; & les traces qu'on nous en a laiffées , font devenues pour nous très-obfcures ; de forte qu'aujourd'hui ce n'eft qu'à force de travail , de recherches & de conjectures, qu'on parvient à démêler des points qu'il étoit alors fi facile de ne pas confondre. On n'y trouve que quelques fragmens épars de la Loi des Douze-Tables , dont les Textes auroient dus être diftribués fur chaque matiere à laquelle ils avoient rapport. On a laiffé des antinomies inconciliables dans un

ouvrage auquel on donnoit force de
Loi ; ſoit en mêlant le nouveau
Droit à l'ancien, ſoit en inſérant les
avis contraires des Juriſconſultes qui
étoient de différentes ſeƈtes, ſans
avertir de la cauſe de ces contrariétés, & ſans ſe décider ſur un avis.

Les Sçavans, depuis le renouvellement des études, & l'invention
de l'Imprimerie, ont travaillé avec
une ardeur incroyable, à réparer,
autant qu'il a été poſſible, les défauts cauſés par l'inexaƈtitude, l'incapacité & l'infidélité des rédaƈteurs
des Pandeƈtes. Les Lettres & les
Sciences ſe prêtent un ſecours mutuel. La connoiſſance du Droit
Romain a pris une nouvelle face par
l'étude de la Langue latine, par
celle de l'Hiſtoire & des monumens;
par l'établiſſement des regles de la
ſaine critique; par la recherche des
antiquités : & les gens de Lettres,
de leur côté, ont trouvé dans les
Pandeƈtes, la ſolution de beaucoup
de faits & d'uſages obſcurs.

Les Juriſconſultes ont profité de

ces lumieres pour diffiper les ténébres répandues dans la compilation de Tribonien. Ils ont pénétré par la difcuffion, le fens des Textes difficiles; ils ont démêlé l'ancien Droit; ils ont rétabli la pureté des Textes; concilié beaucoup d'antinomies, & donné des raifons de celles qui ne peuvent fe concilier : de maniere que nous n'avons plus rien à défirer quant à la difcuffion & à l'intelligence des Textes. La différence qui fe trouve entre la glofe d'Accurfe & les Commentaires d'Alciat, procede du temps où ils ont travaillé. Accurfe floriffoit au commencement du treizieme fiecle; & Alciat écrivoit fous François I.

C'eft ainfi que les fciences fe perfectionnent par des travaux accumulés, dont il réfulte peu-à-peu un fonds de richeffes & de connoiffances, qui, fans rien perdre, s'accroît fucceffivement. Chaque Sçavant y ajoute le fruit de fes études; il prépare & facilite les fuccès poftérieurs; il abrége le travail; il applanit les difficultés pour ceux qui fuivront après lui la même carriere. Ils pourront aller d'autant plus loin, qu'ils trouveront le chemin déja frayé; & que partans d'un point plus rapproché, ils employeront moins de temps à parcourir un efpace plus étendu. Que de travaux & de temps n'eût pas épargné l'ouvrage de M. Pothier, à tous ceux qui fe font livrés à l'étude du Droit, s'il eût été exécuté quelques fiecles plutôt.

En effet, malgré les foins, les travaux & les recherches de tant de Jurifconfultes depuis fix cens ans, il reftoit encore dans les Pandectes un défaut bien fenfible, bien préjudiciable au progrès des études & à l'intelligence facile des loix: c'eft le défordre dans lequel les Textes fe trouvent placés, non-feulement dans chaque Titre, mais difperfés fouvent dans des Titres auxquels ils n'ont point de rapport.

L'Ouvrage de M. Pothier a pour objet principal de réparer ce défordre. Il eft intitulé *Pandectæ Jufti-*

nianeæ in novum ordinem Digeſtæ, & forme trois volumes *in-folio*.

M. Pothier a conſervé l'arrangement des Titres qui eſt l'ordre de
l'Edit perpétuel ſur lequel les Juriſconſultes avoient travaillé : & ſous
ces Titres il a rangé tous les Textes dans un ordre méthodique, non-
ſeulement en changeant la place
qu'ils y occupoient, mais en tirant
des autres Titres ceux qui y étoient
mal placés, & en les reportant dans
ceux où ils avoient le plus de rapport.

A la tête de chaque Titre on trouve une Introduction qui contient
l'expoſé de la matiere qui y eſt traitée, & les Textes qui renferment
les définitions & les premiers principes. Des diviſions claires & remplies dans le cours du Titre, facili-
tent l'intelligence, & ſoulagent la
mémoire. Les Loix ſont liées entr'elles par de courtes tranſitions qui
en découvrent le rapport, & en
montrent l'enchaînement. Tout ce
que l'Auteur a ajouté, eſt diſtingué

d v

par des caracteres italiques; de maniere que le Texte se présente dans
toute sa pureté.

L'Auteur s'est attaché à démêler
l'ancien Droit, à l'éclaircir, & à
indiquer les changemens qui y sont
survenus. Il a tiré ses recherches,
soit des autres endroits du Digeste
qui en fournissent des vestiges, soit
des Instituts & des Constitutions de
Justinien qui le rappellent pour l'a-
broger ; soit de la Paraphrase de
Théophile, des divers fragmens qui
nous sont restés de la Loi des Douze-
Tables & des Ouvrages des anciens
Jurisconsultes, soit des traces qu'on
en découvre dans l'Histoire & les
autres monumens de l'antiquité.

Parmi les Loix du Code, les unes
sont conformes au Droit des Pandectes, les autres le changent & l'a-
brogent, & n'en sont pas moins né-
cessaires à connoître pour l'intelligence des Textes que Tribonien a
altérés, pour les rapprocher du nouveau Droit. Les Loix du Code, qui
confirment l'ancien Droit, sont rap-

portées en entier, & ce font celles
des Empereurs qui ont vécu avant
Conftantin. Les Loix poftérieures
qui font faciles à reconnoître par
leur ftyle diffus & la barbarie dont
elles fe reffentent, ne font citées que
par extrait.

Enfin l'Auteur a mis des notes
courtes, mais fuffifantes, fur les endroits difficiles, foit à raifon des antinomies, foit à raifon du Texte qui
a été altéré ; & il a puifé le plus
fouvent ces notes dans Cujas, le
plus grand Jurifconfulte qui ait paru
depuis le renouvellement des Etudes.

Il a fans doute parcouru & confulté bien des livres pour parvenir
à la confection de ce grand Ouvrage. Sa Bibliotheque étoit confidérable, & il avoit à fa difpofition la
Bibliotheque publique, fondée par
M. Proufteau, Docteur de l'Univerfité, dont le fonds eft en Livres de
Droit. Mais les trois Livres qu'il a
étudiés à fond & continuellement,
ont été les Pandectes mêmes & le

Code qu'il lui a fallu parcourir mille
& mille fois , & fe rendre familier
au point d'avòir, en quelque forte,
tous les Textes préfens à la fois,
les Ouvrages de Cujas & ceux de
Dumoulin. Il a été facile de le voir
par l'état de délabrement où ces
trois Livres fe font trouvés dans fa
bibliotheque.

Le Digefte eft terminé par les
deux Titres *de Verborum fignificatione* & *de Regulis Juris*. M. Pothier
en a fait deux Titres très-importans
& très-étendus. Ils contiennent 275
pages *in-folio* (4) Il a renfermé dans
celui *de Regulis Juris* un abrégé de
tout le Droit , en y réuniffant dans

_____

(4) Voici ce que M. Pothier dit de ce travail
dans la Préface de ces deux Titres.

*Verùm cùm circa utrumque titulum Tribonianus
multa neglexerit aut omiferit vel per incuriam vel
caufâ brevitatis , nos, ut ftudiofo lectori melius
confulatur, ex utroque titulo duplicem quafi totius
juris appendicem (fuppletis aliunde notionibus regu-
lifque quam plurimis) conficere tentabimus : cujus
lectione velut facili & fimplici viâ, nihil in jure noftrò
ignotum effe poffit ; five quoad verba, ea faltem quæ
frequentius occurrunt ; five quoad res ipfas , quæcum-
que brevi aliquâ fententiâ poffunt comprehendi.*

un bel ordre, & en y raffemblant de tous les livres du Digefte ces principes fi féconds en conféquences, & que les Jurifconfultes Romains fçavoient exprimer avec tant de précifion.

Il paroît que c'eft M. le Chancelier qui avoit conçu l'idée de ce travail, & qui l'avoit recommandé dès le commencement de l'entreprife (5): que M. Pothier, après

_____

(5) Dès le commencement de l'entreprife, M. le Chancelier engagea M. Pothier à préparer les matériaux de ces deux titres. Voici ce que contiennent à ce fujet les réflexions par écrit qu'il lui remit en 1736.

» En travaillant fur chaque titre particulier,
» il faudroit en extraire, comme par récapi-
» tulation, 1°. les Loix qui définiffent les ter-
» mes de Droit : 2°. les regles générales qui fe
» trouvent dans les loix du titre. Ce travail,
» jufqu'à préfent, n'a été bien exécuté par per-
» fonne. Quand on auroit eu une attention
» perféverante à le faire fur tous les titres, on
» réuniroit tout ce qui fe trouveroit dans chacun
» fur les deux points que je viens de marquer,
» pour en former deux titres généraux, l'un _De_
» _verborum fignificatione_, l'autre _De regulis Juris_,
» qui feroient meilleurs que ce que l'on trouve
» fous ces deux rubriques dans le Digefte ; & il
» ne s'agiroit plus que de donner à l'un & à
» l'autre un ordre plus naturel & plus parfait

lxxxvj ELOGE

avoir achevé ces deux Titres, fe
propofoit d'en faire un Ouvrage
à part ; mais qu'il s'eft rendu aux
defirs de M. le Chancelier, qui lui
a fait fentir les avantages qu'il y
avoit à terminer l'Ouvrage par ce
recueil précieux qui en préfente un
extrait fidele, formé par les Textes
mêmes (6).

» que celui qu'on a fuivi dans l'arrangement de
» ces deux titres dans le Corps de Droit. »
(6) Ceci eft établi par une lettre de M. le
Chancelier du 20 Avril 1745.
» Je n'ai pu trouver encore le loifir de répon-
» dre, comme je le voulois, à la lettre que vous
» m'avez écrite le 13 Janvier dernier fur le
» grand Ouvrage dont vous êtes occupé, & je
» profite d'un temps où je fuis un peu plus libre,
» pour vous dire d'abord que j'approuve fort
» en général le plan que vous vous êtes formé
» pour recueillir & arranger les regles que les
» titres *De regulis Juris* & *De verborum fignifi-*
» *catione* doivent renfermer; mais je ne fçau-
» rois être de votre fentiment fur le deffein dans
» lequel vous me paroiffez être d'en faire un
» Ouvrage féparé, qui ne fera imprimé qu'après
» que votre Digefte, mis en ordre, aura été
» donné au public, & je trouve deux inconvé-
» niens dans ce deffein. »
» Le premier eft que les deux titres dont il
» s'agit, & qui felon votre lettre feront compris
» dans votre grand Ouvrage, ne s'y trouveront
» que d'une maniere très fuperficielle, & très

M. Pothier a été plus de douze
ans à compoſer ce grand Ouvrage ;

_____

» imparfaite, puiſque ſi j'ai bien conçu votre
» penſée, ils ne contiendront que les regles que
» vous n'aurez pu placer ſous aucuns de tous
» les titres précédens ; ce ne ſera donc qu'une
» eſpece de _réſidu_, qui ne répondra nullement à
» la promeſſe que ces titres font aux Lecteurs,
» ou à ce qu'ils leur annoncent. »

» Le ſecond inconvénient eſt qu'il faudra
» par-là que ceux qui s'attachent à l'étude de la
» Juriſprudence Romaine aient deux livres au-
» lieu d'un, & qu'ils ſoient ſouvent obligés de
» chercher dans deux Ouvrages ce qu'ils de-
» vroient trouver dans un ſeul. »

» Ainſi, ſoit parce qu'on doit tendre toujours
» à l'intégrité d'un deſſein également rempli
» dans toutes ſes parties, ſoit parce qu'il eſt
» juſte d'avoir égard à la facilité & à la com-
» modité de ceux qui s'en ſervent, je crois que
» ſans renvoyer à un autre temps les deux titres
» plus étendus que vous vous propoſez de don-
» ner ſur les regles du Droit & ſur la ſignifica-
» tion des mots, il eſt fort-à-propos que vous
» les faſſiez entrer dès-à-préſent dans l'Ouvrage
» qui eſt ſous la preſſe. Comme vous en avez
» ſans doute tous les matériaux déja raſſemblés,
» vous n'aurez pas beſoin de beaucoup de temps
» pour les mettre dans l'ordre que vous m'avez
» marqué, & qui eſt fort bon. Quand même
» cela devroit retarder un peu l'impreſſion de
» votre Livre, le public en feroit bien dédom-
» magé par l'avantage d'avoir un Ouvrage par-
» fait, où il trouveroit tout ce qu'il peut deſirer,
» ſans être obligé d'en attendre une eſpece de
» ſupplément ; & vous y gagnerez même du côté

& plus de vingt-cinq, fi, comme
il eft jufte de le faire, on impute

» de la réputation du livre, à laquelle les deux
» titres, dont il eft queftion, peuvent beaucoup
» contribuer; parce qu'ils feront peut-être le
» premier objet de l'attention des connoiffeurs,
» qui voudront juger promptement par-là du
» mérite & de l'utilité de votre méthode. »

» Je ne doute pas, au furplus, qu'en travail-
» lant fur ces deux titres, vous n'ayez fait & que
» vous ne faffiez encore un grand ufage du fça-
» vant Ouvrage que Jacques Godefroi a fait fur
» le titre *De regulis Juris*, & de celui de Petrus
» Faber, Préfident des Enquêtes du Parlemenr
» de Touloufe, qui étoit auffi un des plus habiles
» Jurifconfultes que la France ait produits. Je
» ne vous parle point de plufieurs autres Au-
» teurs qui vous font fans doute bien connus,
» & fur-tout de M. Domat, dont on peut tirer
» de grands fecours fur ce qui regarde les regles
» générales du Droit. »

» Vous ne m'avez pas parlé dans votre lettre,
» du plan que vous vous êtes formé fur le titre
» *De verborum fignificatione*, mais je préfume que
» quand vous vous propofez de faire imprimer
» ce titre féparément & d'une maniere plus
» étendue, votre intention n'eft pas de le faire
» dégénérer en Dictionnaire ou en *Lexicon Ju-*
» *ris*, femblable à celui de Briffon ou de Cal-
» vin; & que fuivant l'efprit général de ce ti-
» tre, vous le renfermez dans les explications
» de mots qui ont été donnés par les Loix mê-
» mes, & qui contiennent ou qui indiquent un
» principe ou une regle de Droit, ou la maniere
» d'en interpréter les textes.

» Ce font à-peu-près les réflexions que j'ai

fur ce travail celui par lequel il s'étoit rendu capable de l'entreprendre. Il a été aidé dans l'exécution, par M. de Guienne, Avocat en Parlement, fon ami intime, &, j'ofe dire, le mien. La Préface, qui eft très-bien écrite, eft de M. de Guienne. M. Pothier lui en fournissoit les matériaux : mais quoiqu'avec beaucoup de littérature, il n'aimoit pas un genre de compofition châtiée & ornée. Il n'y auroit point eu de Préface, ou une très-courte, fi M. de Guienne ne s'en fût chargé. Il a eu aussi beaucoup de part au Commentaire fur la Loi des Douze-Tables, qui eft à la tête du fecond Volume.

Quant au corps de l'Ouvrage, quoiqu'il ne fe fût chargé que de corriger les épreuves, fon travail a été beaucoup plus loin & plus utile. C'étoit un homme exact, difficile à contenter, bon critique, &

» faites en lifant votre derniere lettre ; & vous
» devez les regarder comme une nouvelle preu-
» ve du cas que je fais de votre travail, &
» de l'eftime avec laquelle je fuis, &c.

tel qu'il le falloit pour affocier à
M. Pothier, qui ne s'occupant que
du fond des chofes, auroit négligé
bien des foins de détail, qui contri-
buent cependant beaucoup à la perfection d'un Ouvrage. Il n'avoit pas
l'étendue de connoiffances, ni la
grande facilité de M. Pothier; & il
n'en étoit par cela même que plus
propre à ce travail de révifion. Il
jugeoit des autres par lui-même.
Trouvoit-il un Texte qui avoit befoin d'être éclairci, ou qui pouvoit
trouver ailleurs une place plus convenable, ou une tranfition négligée,
il faifoit fes remarques & fes objections à M. Pothier, & tiroit de lui
un changement de place, une expli-
cation ou une note (7).

_____

(7) J'ai eu l'avantage de demeurer près de
deux ans avec M. de Guienne dans ce temps-
là même; & j'ai vu combien il mettoit de foin
& d'exactitude dans ce travail, qui lui a coûté
dix années de fon meilleur temps, & lui a fait
perdre abfolument le travail du Palais. Il étoit
garçon, auffi plein de religion que M. Pothier;
bien moins riche & auffi détaché des biens de
cette vie. Il difoit que cette entreprife étoit la

Un autre ami intime de M. Pothier, a été M. Rousseau, Avocat &
Professeur de Droit François à Paris. Leur liaison étoit très-ancienne :
elle s'étoit formée à Paris, où M. Pothier avoit fait plusieurs séjours avant
1730, & depuis. Il y étoit entré dans
des conférences, où il s'étoit lié avec
plusieurs Avocats célebres qui ont
conservé des relations avec lui, &
avoient pour lui toute l'estime qu'il
méritoit. Mais sa correspondance
avec M. Rousseau étoit continuelle,
& rouloit toujours sur leurs Etudes
communes. Ils se voyoient tous les
ans aux vacances.

M. Rousseau avoit beaucoup d'acquis, un excellent jugement, une
facilité si grande dans l'élocution,
qu'il étoit difficile de le suivre lorsqu'il traitoit une question, & une
si prodigieuse mémoire, qu'il rete-
noit non-seulement le fond des cho-

---

tâche que la Providence lui avoit imposée ; &
quelqu'onéreuse qu'elle ait été pour lui, il s'en
est acquitté avec un zele & un soin admirables.

fes, mais citoit fur le champ les
autorités dont il appuyoit fon avis.
C'étoit de lui que M. Pothier apprenoit ce qu'on appelle la *Jurifpru-*
dence actuelle, qu'il n'approuvoit pas
toujours, mais qu'il falloit faire connoître : efpece de Légiflation ver-
fatile, malheureufement trop fré-
quente, & qui n'a gueres lieu que
par l'imperfection de nos Loix.

M. Pothier faifoit le plus grand
cas de l'opinion de M. Rouffeau :
ils fe rapprochoient le plus fouvent,
mais pas toujours. En plufieurs endroits de fes Traités, M. Pothier
rapporte l'avis de M. Rouffeau,
foit pour le combattre, foit pour
appuyer le fien, foit pour laiffer le
choix au Lecteur dans certaines
queftions, où fans fe déclarer lui-
même, il préfente les moyens d'un
avis, & enfuite celui de M. Rouffeau.

Les Pandectes étoient un ouvrage confidérable, très-coûteux à imprimer, écrit en latin, & fur une
matiere dont l'étude eft très-négligée

parmi nous. On eut de la peine à trouver des Libraires qui vouluſſent s'en charger : ils craignoient que le débit n'en fût impoſſible, ou très-long. Il s'eſt cependant fait aſſez promptement ; parce que les Etrangers en ont enlevé la plus grande partie.

L'Ouvrage n'a eſſuyé d'autre critique que celle du Journaliſte de Léipſick, qui, ſoit par jalouſie de ce que la gloire d'une ſi grande entrepriſe étoit enlevée à ſa patrie, ſoit par d'autres motifs, l'attaqua avec aigreur. Il en parla comme d'un Ouvrage qui n'avoit rien de neuf & d'intéreſſant ; comme d'un travail ſans mérite, entrepris pour ſe faire un nom à peu de frais, & dans lequel on ne trouvoit pas ce fond d'érudition dont autrefois tous les Juriſconſultes, & encore aujourd'hui les Allemands, ornent ou ſurchargent leurs Ouvrages.

On connoiſſoit aſſez M. Pothier, pour être perſuadé qu'il ne prendroit pas la peine d'y répondre. Un

de fes Confreres s'en chargea ; &
on ne lui montra la Critique qu'a-
vec la réponfe imprimée, fous la
forme d'une Lettre, adreffée aux
Auteurs du Journal des Sçavans.
On fait voir dans cette Lettre,
que le Journalifte Allemand n'avoit
fenti, ni le mérite ni l'objet de l'Oû-
vrage : que l'Auteur ne s'étoit pas
propofé de faire un Commentaire ;
ni de fe jetter dans des difcuffions
d'érudition ; mais au contraire de
difpenfer de l'étude des Commentaires, plus pénible que celle des
Loix ; de préfenter un Commentaire
des Textes par les Textes mêmes,
& de les éclaircir par la maniere de
les lier enfemble & de les placer.

On imprimoit le premier volume
des Pandectes, lorfque M. Pothier
tomba dangéreufement malade au
retour d'un voyage qu'il avoit fait
en Sologne, chez un de fes Confrè-
res. Il revint à cheval avec la fievre.
Jamais il n'avoit été malade : quoique d'un tempérament foible, il
foutenoit fa fanté par la régularité

de son régime. La fievre étoit pour
lui un état nouveau & inconnu : il
voulut lui résister quelques jours
sans la connoître ; enfin, au lieu
d'appeller un Médecin , il alla le
consulter & lui demander la cause
de cette maladie qu'il éprouvoit. Le
Médecin l'eut bientôt trouvée , le
fit retourner chez lui , & coucher.
La fievre devint très-sérieuse, & l'on
craignit pour sa vie.

Heureusement la maladie céda :
mais le rétablissement ne fut pas entier : il demeura perclus des jambes , & prit aisément son parti sur
cette privation, qui dura assez long-
temps pour lui faire craindre qu'elle
ne durât toujours. Il s'estimoit trop
heureux que Dieu lui eût conservé
la liberté de l'application & du travail. Il donna à l'étude d'autant plus
de temps, que la vie sédentaire lui
en laissoit plus de libre, & n'espé-
roit plus recouvrer l'usage des jambes , après avoir tenté inutilement
plusieurs remedes ; lorsqu'enfin on
se douta que la faculté de marcher,

pouvoit être empêchée, moins par
un obſtacle réel & invincible, que
par le défaut trop long d'exercice.
On lui conſeilla d'eſſayer à marcher, par le moyen de deux pou-
lies, qui, roulant dans des couliſſes
attachées au plancher de ſa cham-
bre, le tenoient ſuſpendu ſous les
bras, & lui permettoient de remuer
les jambes ſans leur laiſſer porter
tout le poids du corps. Il ſe ſoumit
à cet eſſai, qui lui dénoua les jambes: peu-à-peu il en recouvra l'uſage; il ne lui reſta que de la roideur
Il avoit été très-grand marcheur
avant ſa maladie; il le fut aſſez depuis pour le beſoin; car plus il
avança en âge, plus ſes occupations
ſe multiplierent au point de lui in-
terdire preſque toute diſſipation.
Lorſqu'on l'exhortoit à en prendre,
il diſoit que le chemin de chez lui
au Châtelet, étoit un exercice ſuffi-
ſant.

L'étude du Droit avoit déja commencé à ſe ranimer dans l'Univer-
ſité d'Orléans. M. Prevôt de la Janès,

nès, Conseiller au Présidial, & Professeur de Droit François, avoit senti qu'en vain un homme destiné à
enseigner, acquiert des connoissances; qu'il n'est utile qu'à lui-même
dans une place instituée pour l'utilité des autres, s'il ne réussit à leur
faire goûter ce qu'il enseigne , &
à inspirer l'amour de l'étude. C'étoit
un homme de beaucoup de mérite
& d'acquis, du commerce le plus
agréable , & d'un esprit très-or-
né (8). Il aimoit les jeunes gens, il
avoit l'art de se les attacher & de les
intéresser à leurs succès. Ce talent
est d'autant plus nécessaire à un Professeur de Droit, qu'il n'a pas cette
espéce d'autorité qui force au travail, mais seulement une autorité de
raison & de persuasion. Il a pour
Disciples, des gens placés dans cet

(8) Nous avons de M. Prévost de la Janès
un Ouvrage intitulé, *Principes de la Jurispru-
dence Françoise, suivant l'ordre des actions*; il n'a
été imprimé qu'après sa mort. On y remarque
la méthode & la précision qui formoient le
caractere de son esprit. Il écrivoit avec beaucoup de pureté & d'élégance.

intervalle critique qui fépare la premiere jeuneffe de l'âge raifonnable ;
des gens qui fouvent font d'autant
plus amoureux de l'indépendance,
qu'ils ont plus afpiré au terme qui
devoit les en mettre en poffeffion ,
& qui, s'ils ont confervé l'amour de
l'Etude , doivent affez naturellement préférer les douceurs de la Littérature à l'auftérité & à la fécherefle
de la Jurifprudence.

M. de la Janès mourut au mois
d'Octobre 1749. M. le Chancelier
fut vivement follicité pour nommer
à cette Place. Il connoiffoit parfaitement le mérite de M. Pothier ,
& defiroit de la lui donner. M. Pothier, de fon côté , la defiroit auffi
par amour pour les jeunes gens &
par le plaifir qu'il trouvoit à enfeigner. Mais il n'étoit pas dans fon
caractere de folliciter ; & fa timidité étoit un obftacle qu'il falloit lui
aider à vaincre. Je n'oferois affurer
fi M. Gilbert-de-Voifins leva cet
obftacle, en lui propofant la Chaire de la part de M. le Chancelier :

ou si M. Pothier eut le courage de
surmonter sa timidité au point de
témoigner à M. Gilbert que cette
place le flatteroit. Quoi qu'il en soit,
il fut nommé sans que personne s'en
doutât. La satisfaction qu'il éprou-
va, ne put être troublée que par la
peine qu'il ressentit de s'être trouvé
en concurrence avec M. Guyot,
Docteur aggrégé, & de le voir privé
d'une place qu'il ne pouvoit manquer d'obtenir, s'il n'eût pas eu un
compétiteur aussi redoutable. Il n'a-
voit desiré de cette place que le
plaisir d'enseigner: il espéra pouvoir
réparer l'espece de tort qu'il faisoit
à M. Guyot, en l'engageant à accepter le partage des émolumens.
Il se passa entr'eux à cette occasion
un combat de générosité aussi honorable pour l'un que pour l'autre.
M. Pothier insista, & sollicita ce partage comme une grace. M. Guyot
persista à refuser; & peu d'années
après, il a obtenu une Chaire par le
Concours.

On se plaint de la décadence des

Etudes de Droit. La caufe de cet abandon eft d'autant plus grave & plus difficile à réformer, qu'elle tient à l'état général des mœurs dans la nation, à la frivolité du fiecle, à la diffipation des jeunes gens qu'on fait entrer dans le monde beaucoup trop-tôt. Les Maîtres les plus capables & les mieux intentionnés ne peuvent que lutter contre cette caufe générale, & lui oppofer de l'affiduité, de l'application & du courage. Leurs fuccès, quelque chofe qu'ils puiffent faire, fe borneront toujours à un petit nombre de jeunes gens qui profiteront de leurs foins.

M. Pothier fuccédoit à un Profeffeur qui avoit commencé à infpirer de l'émulation ; & il a trouvé dans ceux qui compofent aujourd'hui l'Univerfité, des Confreres remplis des mêmes vues & du même zele pour l'inftruction des jeunes gens.

Les hommes les plus célebres ne font pas toujours les meilleurs Maîtres ; & même la profondeur des connoiſſances ſemble leur rendre cette fonction plus pénible, & s'op-poſer au ſuccès de l'enſeignement. Le travail de la compoſition n'a rien que d'agréable pour un homme qui a fait une étude ſuivie d'une ſcience; qui en a ſaiſi l'enſemble, & en poſſe-de toutes les parties. Les idées dont il eſt rempli, ſe préſentent en foule & s'empreſſent de s'arranger ſous ſa plume : s'il a de la méthode dans l'eſprit, elles ſe placent d'elles-mê-mes & ſans effort, dans l'ordre le plus naturel. Les difficultés qu'il ren-contre, loin de le rebuter, devien-nent pour lui un nouvel attrait. La néceſſité de prendre parti dans les queſtions importantes, le force de chercher les objections, & de s'aſ-ſurer par la diſcuſſion de la vérité du ſentiment qu'il embraſſe.

Mais le talent d'enſeigner, eſt tout différent, & il eſt rare de le joindre à l'étendue du ſçavoir. Se rabaiſſer aux premiers élémens, pour ſe faire entendre; varier l'inſ-truction & la maniere de la préſen-

ter ; s'occuper en entier des autres ,
& jamais de foi-même ; fe mettre à
la portée de tous les efprits', de maniere que les moins pénétrans ne
puiffent fe plaindre qu'on les né-
glige ; paroître foi-même ne fçavoir
que ce qu'il s'agit d'enfeigner dans
le moment ; revenir fur les mêmes
points pour les inculquer ; defcen-
dre des premiers principes aux conféquences par une gradation facile ;
ne dire à la fois que ce qu'il faut,
pour ne pas furcharger les Audi-
teurs , & le dire avec méthode &
clarté ; s'affurer qu'ils vous fuivent,
avant d'aller plus loin , & les prendre par la main pour les aider à
avancer. Tel eft le talent d'un Maître : tel étoit fupérieurement celui
de M. Pothier. Il faifoit plus, il fçavoit tellement cacher la fupériorité du Maître , que les Etudians
croyoient converfer avec un ami.
Ses leçons étoient des conférences
dans lefquelles il foutenoit l'attention par des interrogations qui met-
toient les jeunes gens à portée de

faire valoir leurs études particulié-
res. La queſtion s'adreſſoit à un ſeul,
& tous s'empreſſoient d'en chercher
la réponſe. Tous étoient en haleine,
parce que la queſtion ſuivante pouvoit s'adreſſer à eux. La réponſe
étoit-elle difficile, la tournure même de la queſtion ſervoit à y con-
duire, & l'indiquoit aux eſprits at-
tentifs, en leur laiſſant tout le plaiſir de la recherche & l'honneur de
la ſolution. L'objeſtion la moins ſo-
lide, celle même qui annonçoit, ou
le peu d'avancement, ou l'oubli du
principe, étoit écoutée & répondue
avec bonté.

Quiconque connoît les effets de
l'émulation, ſçait de quoi les hommes ſont capables lorſqu'ils ſont ani-
més par ce puiſſant aiguillon, & peut
apprécier la valeur des Etudes que
faiſoient ſous un tel Maître les jeunes gens qui avoient de la bonne
volonté; & la maniere intéreſſante
dont il enſeignoit, étoit bien propre
à en augmenter le nombre. Je l'ai
dit plus haut, M. Pothier n'avoit dé-

firé de fa place, que la fatisfaction d'enfeigner; il ne s'en réferva que cet avantage, & en partagea les émolumens entre les pauvres & fes difciples. A l'examen public de Droit François qui termine le cours des Etudes, il fubftitua une difpute publique fur les matieres qu'il avoit enfeignées pendant l'année. Les jeunes gens qui vouloient y entrer, s'y difpofoient de longue main par des études férieufes: nul n'auroit ofé fe préfenter dans la Lice, fans la confiance, finon de vaincre, du moins de fe faire honneur. Le Public qui s'intéreffe au fuccès des jeunes gens, aimoit à être fpectateur de ce combat dont l'Univerfité étoit juge. Le prix du vainqueur étoit une Médaille d'or, adjugée en public; les autres Contendans n'étoient pas fans récompenfe, ils recevoient des Médailles d'argent.

On peut croire que les Athletes ne fe ménageoient pas: la difpute duroit une féance pour chaque contendant, qui avoit tous les autres

pour adverſaires, & les attaquoit à
ſon tour. La maniere de propoſer
les queſtions, & celle d'y répondre,
entroient également dans la balan-
ce du jugement. Chacun prévoyant
que les Traités enſeignés dans l'année, étoient auſſi familiers à ſes adverſaires qu'à lui, croyoit devoir
chercher ailleurs, & alloit puiſer
des argumens, ſoit dans le Corps
de Droit, ſoit dans les Auteurs qui
avoient rapport à la matiere : & le
combat étoit ſi ſérieux, que les juges étoient quelquefois obligés d'en
réprimer l'ardeur, & d'intervenir,
ſoit pour rappeller aux matieres pro-
poſées dont on s'écartoit, ſoit en
préſentant d'une maniere plus clai-
re la queſtion que l'argumentateur
avoit cherché à rendre embarraſſan-
te pour ſurprendre ſon adverſaire.

M. Pothier ne ſe contenta pas
d'encourager ſes Diſciples par des
prix. Rien de perſonnel n'entra jamais dans ſes vues. Les Etudians
des deux premieres années devoient
devenir les ſiens ; ils eurent égale-

ment part à ses faveurs : & souvent
dès la premiere année, l'amour de
l'étude & le plaisir de l'entendre,
les conduisoient à ses Leçons. L'examen sur les Instituts & la These de
Bachelier, devinrent des concours
toutes les fois qu'il se présenta des
contendans : & le zele de M. Pothier fut toujours parfaitement se-
condé par celui des autres Profes-
seurs.

Combien, depuis vingt-cinq ans,
n'est-il pas sorti de cette École, d'ex-
cellens sujets qui ont porté dans la
Magistrature & dans le Barreau, la
connoissance des Loix & l'amour du
travail ?

M. Pothier, après avoir achevé
son grand Ouvrage des Pandectes,
s'ouvrit une carriere immense, qui
ne devoit être terminée qu'avec sa
vie. Il avoit traité autrefois, pour
son usage particulier, toutes les matieres de Droit François. La nécessi-
té d'enseigner, l'engagea à les travailler de nouveau : & ces Traités
font manuscrits, entre les mains de

beaucoup de perſonnes. Il les eût
encore retouchés, ſi le temps lui eût
permis de les publier.

En 1740, M. Pothier avoit donné, conjointement avec M. Prevôt
de la Janès & M. Jouſſe, une édition de la Coutume d'Orléans, en
deux volumes, avec des notes. Cette
édition étoit épuiſée, & le Libraire
ſongeoit à en donner une autre ; il
s'adreſſa à M. Pothier, pour le prier
d'y retoucher. M. Pothier s'en chargea avec plaiſir. Mais au lieu d'un
ſimple travail de réviſion, il en exé-
cuta un tout différent & bien autrement important & utile. A la tête
de chaque Titre de la Coutume, il
place un Traité abrégé de la matiere : eſpece de Commentaire infiniment plus utile que des notes, qui
n'étant relatives qu'à un article, ne
laiſſent point de liaiſon dans l'eſprit,
& ne fourniſſent que des connoiſſances auſſi découſues que le Texte
même qu'elles interpretent. Il a joint
des notes ſur les articles qui ont beſoin d'éclairciſſement, & renvoie

continuellement de ces notes à l'introduction du Titre ; & de ces introductions, aux articles & aux notes : ce qui lie enfemble tout l'Ouvrage. Forcé de fe reftreindre par le peu d'étendue, il a ferré fon ftyle ; de forte qu'on a dans cet Ouvrage un excellent abrégé de fes Traités. On y trouve tout ce qui eft effentiel à fçavoir, expofé avec netteté & précifion ; & on peut dire que quiconque pofféderoit bien ces deux volumes, auroit une connoiffance affez étendue du Droit Coutumier (9).

Cet Ouvrage, auffi important pour la Coutume de Paris que pour la nôtre, par le grand rapport qu'elles ont enfemble, forme fur le Droit Coutumier un Corps complet de doctrine, d'autant plus précieux qu'il fort de la main d'un Jurifconfulte. Car il ne faut pas croire que le Droit Coutumier n'a aucun trait

_____

(6) On vient de réimprimer cet Ouvrage in-4°. avec des augmentations.

au Droit Romain, & qu'il fuffit de connoître les Coutumes, pour bien traiter les matieres qu'elles embraffent.

Dans notre Légiflation, prefque toute pofitive & arbitraire, la raifon n'entre pour rien quant à l'établiffement des principes. Ils pourroient être contradictoires, & ils le font en effet d'un canton à l'autre, & font tout auffi vrais. Car le vrai arbitraire n'eft qu'une vérité & un point de fait ; il ne peut être une vérité fubfiftante par elle-même. Il fe trouve fans doute beaucoup de ces vérités de fait ou de ces principes factices, mêlés dans toutes les Légiflations ; y ayant beaucoup de détails qui ne peuvent être déterminés que par des Loix pofitives. Malheureufement ils abondent tellement dans la nôtre, qu'on n'y trouve prefqu'autre chofe ; & ces Loix pofitives qui cefferoient d'être arbitraires, fi elles avoient une raifon puifée dans une néceffité ou utilité réelle, ne font prefque toujours que

purement arbitraires. Mais le Juriſ
conſulte, comme le Magiſtrat, ne
change pas les Loix: il les enſeigne
ou les explique comme il les trouve établies : & le Juriſconſulte rai-
ſonne juſte d'après ces principes arbitraires, lorſqu'il en tire des conſé-
quences vraies ; lorſqu'il démêle
avec juſteſſe les intérêts contraires
qui s'élevent ſur leur interprétation;
lorſqu'il y applique avec fineſſe &
ſagacité les regles ſupérieures de la
vraie juſtice diſtributive. Il eſt plus
ſatisfait ſans doute lorſqu'il s'exerce
ſur ces regles mêmes & ſur les purs
principes du Droit, dont l'application particulariſée ſur la multiplicité
des actions & des rapports que les
hommes ont entr'eux, a déja une ſi
grande étendue. Mais puiſqu'il a plû
aux hommes d'ajouter à ces Loix
néceſſaires, ſi ſimples en même-
temps & ſi fécondes, tant & tant de
Loix arbitraires, il devient indiſpenſable de partir de ces Loix
données pour régler les intérêts divers & les actions qui en naiſſent.

Quelle différence , lorſque ces matieres , quoiqu'étrangeres par leurs
principes au véritable Droit , ſont
traitées par un homme, qui, n'ayant
étudié qu'elles, rampe & ſe traîne
ſervilement dans le cercle étroit de
cette Légiſlation d'inſtitution humaine, ou par un Juriſconſulte qui
ſçait s'élever au-deſſus de cette
Légiſlation ; qui la reſpecte parce
qu'elle exiſte , mais qui ſe ſert de
l'eſprit de déciſion & des vues que
lui fournit la ſcience du Droit pour
démêler, diſcuter & interpréter ces
Loix poſitives.

Tel a été ſupérieurement le talent de Dumoulin, qui a ſi bien ſçu
appliquer à l'intelligence du Droit
Coutumier les notions & les lumié-
res qu'il tiroit des Loix Romaines;
tel a été celui de Loyſeau, de notre
Commentateur Lalande , & d'un
très-petit nombre d'autres qu'on
diſtingue dans la foule de tant d'Auteurs & de Commentateurs dont
nous ſommes ſurchargés.

Tel a été celui de M. Pothier;

& c'eſt ce qui donne un ſi grand mérite à ſes travaux ſur le Droit Coutumier : c'eſt ce qui doit nous faire regretter qu'il n'ait pas eu le loiſir de publier lui-même tout ce qu'il avoit compoſé ſur ces matie-res. Mais il n'eſt gueres de Sçavant qui n'ait donné au Public les mê-mes regrets. Dans les Sciences, prin-cipalement qui exigent un grand fonds d'étude, la majeure partie de la vie eſt employée à acquérir les connoiſſances qui mettent en état d'enſeigner & d'écrire : & le temps manque enſuite pour l'exécution de tous les travaux qu'on ſe propoſe. Le génie & le ſçavoir inſpirent le courage , & portent à former des projets auxquels la briéveté de la vie met obſtacle. Si l'on s'appliquoit trop à l'enviſager, on tomberoit dans l'inaction & dans la langueur ; & l'on n'oſeroit même entreprendre ce que l'on peut, ſi l'on n'avoit l'eſpérance de faire plus qu'on ne pourra.

M. Pothier auroit bien eu le

temps de ne nous rien laiffer à défirer fur le Droit Coutumier, s'il ne
s'étoit engagé dans un autre travail
qui a eu les fuites les plus heureu-
fes. Il entreprit de traiter en françois la matiere la plus importante du
Droit, celle dont l'ufage eft le plus
néceffaire & le plus fréquent, &
dont on ne peut puifer les principes
que dans les Pandectes ; la matiere
des Obligations & des Contrats ; &
il y a entremêlé quelques matieres
de Droit François, les Retraits, la
Communauté, le Douaire.

Il publia en 1761 le Traité des
Obligations, en 2 vol., comme la
bafe de ceux qu'il devoit donner
enfuite. Cet Ouvrage a eu le plus
grand fuccès, & l'on en a fait deux
éditions. Il fera toujours regardé
comme un Livre claffique & effentiel : c'eft celui que l'Auteur a le
plus travaillé, & qui demandoit le
plus de profondeur & de fcience de
Droit. Il y a difcuté avec autant de
pénétration que de clarté la divi-
fibilité & indivifibilité des obliga-

tions ; matiere extrêmement fubtile que Dumoulin a développée dans un Ouvrage particulier fort profond, mais fort difficile à entendre. Cette matiere avoit befoin d'être traitée avec cette précifion & cette méthode qui manquoient à Dumoulin, chez lequel la profondeur fembloit nuire à la clarté.

Le Traité des Obligations annonçoit un travail fuivi fur les différens Contrats. L'Auteur a rempli cet engagement. Chaque année a vu paroître un nouvel Ouvrage (8).

_____

(8) En 1762, il donna le Traité du Contrat de *Vente*, & celui des *Retraits*, pour fervir d'Appendice au Contrat de *Vente*; le tout difcuté felon les regles, tant du for de la confcience que du for extérieur ; ainfi qu'il eft obfervé dans tous les autres Traités.

En 1763, le Traité du Contrat de *Conftitution de Rente*; celui du Contrat de *Change*; de la négociation qui fe fait par les Lettres de Change; des Billets de Change & autres Billets de Commerce.

En 1764, le Traité des Contrats de *Louage*, & de *Bail à Rente*.

En 1765, Supplément au Traité du Contrat de *Louage*, ou Traité des Contrats de *Louage maritime*; celui de *Société*, avec deux Appendices,

Quels étoient fes projets par la fui-
te ? C'eft ce qu'on ignore. Il eft
probable qu'il auroit donné fes Ouvrages fur le Droit François.

Ses Traités fur les Contrats ont
cet avantage, qu'ils renferment,
non-feulement la connoiffance du
Droit Civil, & l'application de fes
principes aux actions qui fe préfen-
tent dans les Tribunaux, mais encore des décifions sûres pour la confcience. Les matieres y font traitées

dans l'un defquels on traite des obligations qui
naiffent de la Communauté qui eft formée fans
Contrat de Société; & dans l'autre, de celles qui
naiffent du voifinage; & le Traité des *Cheptels*.

En 1766 & 1767, les Traités des Contrats
de *Bienfaifance*, du *Prêt à ufage*, du *Précaire*,
du *Prêt de Confomption*; du *Dépôt*, du *Mandat*;
le Traité du Quafi-Contrat *Negotiorum geftorum*;
les Traités du *Nantiffement*; des Contrats *Aléa-
toires*, d'*Affurance*, du *Prêt à la groffe avanture*,
& du *Jeu*.

En 1768, le Traité du Contrat de *Mariage*.

En 1769, le Traité de la *Communauté*.

En 1770, les Traités du *Douaire*, du *Droit
d'Habitation*, des *Donations entre mari & femme*,
& celui du *Don mutuel*, auquel eft ajoutée l'*Interprétation de l'Article* LXVIII *de la Coutume de
Dunois*.

En 1771 & 1772, les Traités du *Domaine de
Propriété*, & du *Droit de Poffeffion*.

dans le for intérieur & dans le
for extérieur ; & en apprenant aux
hommes les actions qui naissent de
leurs conventions, & les droits qu'ils
peuvent pourfuivre en jugement,
il leur enfeigne à être justes, à n'exiger rien au-delà de la justice, quand
même ils pourroient l'obtenir; à ne
bleffer jamais les droits d'autrui,
quand même ils pourroient le faire
avec fuccès : partie du Droit bien
précieufe, qui conftitue l'effence de
la morale, & qui a bien plus d'étendue & d'exactitude que les Tribunaux ne peuvent en mettre dans
leurs décifions.

Ce n'eft qu'aux Jurifconfultes
qu'il appartient de tenir cette ba-
lance de la juftice immuable, dont
la juftice humaine ne nous offre
qu'une ombre imparfaite & une ref-
femblance en quelque forte inanimée. Ce n'eft qu'à eux qu'il appartient de monter fur un Tribunal fu-
périeur à ceux que l'autorité civile
peut ériger, & d'y régler avec une
précifion rigoureufe les droits & les
devoirs des hommes.

Cette partie de la morale eſt ſans
doute auſſi du reſſort des Théologiens, & ils doivent en être inſ-
ftruits ; mais c'eſt des Juriſconſultes
qu'ils doivent l'apprendre. Qu'ils
ne rougiſſent pas de conſulter les
Loix Romaines, ils y trouveront,
ſur preſque toutes les matieres, des
déciſions pures, exactes, lumineu-
ſes, ſans leſquelles on ne peut entreprendre de diriger les hommes, ſans
riſquer, ou de les égarer par des
déciſions peu ſûres, & de favoriſer
l'intérêt, qui n'eſt que trop adroit
à faire illuſion à la bonne foi : ou d'a-
larmer & de troubler les conſcien-
ces par des avis trop rigoureux &
mal-fondés. Auſſi M. Pothier n'ai-
moit-il pas que les Théologiens ou
Caſuiſtes entrepriſſent de traiter les
matieres de Droit ; & il a pluſieurs
fois réfuté les déciſions de l'*Auteur*
(d'ailleurs très-eſtimable) *des Con-*
férences de Paris. Ils doivent lui ſçavoir gré de leur avoir appris à appliquer les Principes de la Juſtice
aux eſpeces ſi variées que font naî-

tre les conventions : ils ne peuvent
craindre de se tromper en suivant les
décisions d'un homme si éclairé.

Le style de M. Pothier est simple, facile, & assez ordinairement
négligé. Il tenoit de son caractere
éloigné de toute prétention & de
toute recherche. Mais en même-
temps il est de la plus grande clarté,
sans qu'on puisse même se plaindre
qu'il soit diffus ; avantage que rien
ne peut remplacer, & qui surpasse
tous les autres dans les Ouvrages
qu'on ne lit que pour s'instruire.

Sa modestie lui faisoit dire qu'il
n'écrivoit que pour ses Ecoliers.
Quelques Journalistes, plutôt faits
pour juger des Brochures frivoles,
que pour apprécier des Ouvrages
de Droit, se sont arrêtés à cette
écorce ; & ne jugeant du mérite
intrinséque que par cette simplicité
de style, ils n'ont pas craint de ré-
péter ce jugement que la modestie
de M. Pothier lui faisoit porter.
Mais la vérité obligera toujours les
gens en état de juger, de convenir

que non-feulement fes Traités fur
les Contrats, font propres à former
des Jurifconfultes, mais même que
les Jurifconfultes les plus fçavans les
liront avec fruit ; qu'ils y trouveront la vraie fcience du Droit, &
que le Traité des *Obligations* eft un
chef-d'œuvre.

M. Pothier convenoit lui-même
qu'il écrivoit fans recherche par
rapport au ftyle. Il ne s'occupoit
que de la chofe, & rendoit fes idées
telles qu'il les concevoit à la premiere vue. Mais comme il avoit
l'efprit très-jufte, fes idées fe préfentoient toujours avec ordre, elles fe
lioient d'elles-mêmes enfemble. Son
plan renfermoit toute fa matiere :
fes définitions font toujours exactes, fes divifions claires & méthodi-
ques : les raifons de douter & de
décider font mifes dans un beau
jour, & la folution trouve le Lecteur inftruit par la difcuffion, &
préparé à y acquiefcer. Il m'a fait
plus d'une fois l'honneur de m'engager à revoir fes manufcrits, pour

y corriger des négligences ou des longueurs. Je l'ai fait toutes les fois qu'il m'en a chargé; ou plutôt je me fuis mis en devoir de le faire. Mes remarques étoient peu fréquentes & peu importantes, malgré la liberté qu'il me donnoit; je dirai même, malgré l'envie de lui plaire par un travail qu'il exigeoit. Je fentois que fi j'avois compofé l'Ouvrage, j'aurois écrit autrement en général, parce que chacun a fa maniere d'écrire: mais lorfque je voulois ferrer le ftyle, ou préfenter autrement les queftions, je fentois qu'il eût fallu tout remanier, & en même temps que fon ftyle étoit celui de la chofe, & qu'on n'auroit gueres pu le changer qu'au préjudice de la clarté. Quelques perfonnes auxquelles il a donné la même commiffion, ont éprouvé la même chofe.

Il en eft de la fcience du Droit, comme de celle de la Médecine: il ne fuffit pas d'en avoir acquis la théorie par l'étude, pour être en état d'en faire l'application; il faut

y

y joindre l'usage. M. Pothier possé-
doit également cette partie ; & quoique la procédure ne présente rien
que d'ennuyeux pour un Jurisconsulte, il avoit surmonté ce dégoût.
On a de lui un manuscrit sur la *Pro-*
cédure civile, & un sur la *Procé-*
dure criminelle.

A tant de connoissances acqui-
ses, il réunissoit toutes les qualités
propres au Magistrat, dans un dégré excellent. Zéle pour le bien de
la Justice, assiduité, promptitude
dans l'expédition, désintéressement,
intégrité, fermeté, attachement à
sa Compagnie. Quelle est la vertu
de son état qu'il n'ait pas possédée
éminemment ?

Il se voyoit avec la plus grande
satisfaction sur le Tribunal, entouré
de ses Eleves, qu'il avoit pris par la
main pour les y faire monter ; qu'il
avoit formés par ses leçons, & qu'il
continuoit d'instruire par ses avis
& par ses exemples. Aucun d'eux
n'a jamais pu se plaindre qu'il ait
pris sur lui ce ton de supériorité que

f

son âge & son mérite lui auroie permis. Comment l'auroit-il eu vis-à-vis de ses Confreres ? Il ne le prenoit pas même avec ses Disciples. Il écoutoit les avis des autres; il permettoit qu'on lui fît des objections, & portoit la conviction par des réponses qui frappoient en deux mots le point décisif.

Quelle netteté, quelle lumiere ne mettoit-il pas dans ses rapports ? Sans entrer dans des détails inutiles, il écartoit ce que les Défenseurs des Parties n'ajoutent que trop souvent d'étranger, & ne présentoit que la cause même & les moyens respectifs.

Dans le jugement des affaires criminelles, la science du Jurisconsulte trouve moins d'application. Il ne s'agit que de la preuve d'un fait. Mais quelle attention, quelle justesse d'esprit ne faut-il pas, surtout dans les occasions délicates, pour peser les indices & les circonstances, distinguer les degrés de probabilité & ne les pas confondre avec

la certitude, & discerner également
la certitude morale, de la certitude
juridique.

M. Pothier excelloit en cette partie par sa justesse & sa pénétration.
Il étoit également propre à toutes
les fonctions du Magistrat, & les a
toutes remplies. On évitoit seulement de lui distribuer des Procès-
criminels, dans lesquels on prévoyoit que la question pouvoit être
ordonnée ; parce qu'il ne pouvoit en
supporter le spectacle : impuissance
qui procede beaucoup plus de la
sensibilité des organes physiques,
que du sentiment moral. Du reste,
il ne se refusoit à aucune des fonctions de la Magistrature ; & sur la
fin de sa vie, il n'en a été que trop
surchargé par la mort de M. le Lieu-
tenant-Criminel, & de M. le Lieute-
nant-Particulier.

Le Présidial d'Orléans lui doit
son rétablissement. Sans l'émulation
qu'il a répandue dans les Etudes,
& les sujets qu'il a décidés à em-
brasser la Magistrature, cette Com-

pagnie fe verroit aujourd'hui réduite
à deux ou trois anciens Magiftrats.
Elle aura eu pendant vingt ans l'é-
poque la plus brillante. Exemple unique dans la décadence univerfelle
des Tribunaux. Mais peut-on fe flatter que cette génération qui a tota-
lement renouvellé la Compagnie depuis 1753, foit remplacée? Peut-on
fe flatter que cet événement fingulier
ait des fuites durables, lorfqu'on voit
une caufe particuliere & momenta-
née, faire exception aux caufes gé
nérales qui entraînent la Magiftra
ture du fecond ordre vers fa ruine.
J'expofois les caufes de fon dépé
riffement en 1763 dans un Difcour
public: Elles ne font certainemen
pas changées depuis : & ce gran
homme qui, dans fa patrie, avoit e
quelque forte repouffé l'influenc
des caufes fi agiffante par-tout ail
leurs; qui feul avoit foutenu fa Co
pagnie fur le penchant de fa ruine
& l'avoit relevée avec tant d'avan
tage; cet homme n'eft plus, & il n
fera certainement pas remplacé.

Quand il s'éleveroit un auffi grand Jurifconfulte que lui (& fes Ouvrages pourroient contribuer à le former) où trouvera-t-on un homme qui, à la profondeur des connoiffances, à la jufteffe & à la pénétration dont il étoit doué, joigne à un auffi haut dégré toutes les qualités du cœur; un homme qui foit auffi bon, auffi fimple, auffi modefte, auffi refpectable à tous égards. Il étoit comme déplacé au milieu de nous par la pureté & la fimplicité de fes mœurs, qui n'avoit pas pris la moindre teinture des mœurs de fon fiécle.

Il a été beaucoup plus facile de rendre compte de fes Ouvrages, que de donner une idée de fes vertus: & cette partie de fon Eloge qui me refte à traiter, doit paroître bien imparfaite à ceux qui ont eu l'avantage de jouir de l'intimité de fon commerce & des exemples de fa vie privée.

SECONDE PARTIE.

L A vie d'un Sage & d'un Sçavant est peu fertile en événemens propres à intéresser la curiosité. La simplicité & l'uniformité en forment le caractere, & ses ouvrages seuls font époque. Il en est de son histoire comme de celle d'une nation dont le gouvernement auroit été depuis long-temps exempt d'ambition, ami de la paix, uniquement occupé du soin de rendre ses sujets heureux & éclairés sur les moyens d'y parvenir. Les annales de ce peuple seroient très-stériles. Dès que l'on connoîtroit sa constitution & son administration, on sauroit son histoire ; elle seroit la même d'un siecle à l'autre, parce que le caractere de l'ordre est l'uniformité.

Ce sont les passions des hommes qui les agitent : ce sont elles qui font naître les événemens ; & l'histoire n'est proprement que le récit de leurs effets. La vie du Sage ne peut donc gueres préfenter de faits intéreffans : & elle n'en eft que plus heureufe.

Quelquefois le Sage fe trouve entraîné malgré lui dans un tourbillon qui lui eft étranger. Les circonftances le portent hors de fa fphere, & le mettent en butte aux paffions des hommes, ou l'élevent à des places qui l'expofent à leur contradiction. Sa vie alors devient intéreffante au préjudice de fon repos.

M. Pothier n'eut jamais à fe plaindre de fes paffions ni de celles des autres. Rien ne troubla la tranquillité de fon ame : aucune circonftance forcée ne dérangea le plan & l'uniformité de fa vie. Aucuns autres événemens ne répandirent d'amertume fur fes jours, que la perte de fes amis auxquels il étoit fincérement attaché.

Parfaitement libre de toute efpece de foin, il confacra fa vie toute entiere à fes fonctions & à l'étude de la Jurifprudence : il ne connut point d'autres devoirs à remplir, ni d'autre goût à satisfaire.

Jamais il n'a eu le moindre projet de se marier. Il disoit qu'il ne s'étoit pas senti assez de courage, & qu'il admiroit ceux qui l'avoient : il en faudroit beaucoup en effet, si ceux qui s'engagent dans cet état, en envisageoient bien les suites.

Le parti du célibat est sans doute le plus sage & le meilleur que pût prendre un homme avare de son temps, uniquement dévoué à l'étude, & singuliérement ami de son repos. Cette résolution le tire de la classe ordinaire des hommes ; elle le met à l'abri de la plupart des maux ; & en restreignant les objets de ses attaches, elle lui épargne presque toutes les occasions d'inquiétude.

Personne n'a mieux profité de cet avantage que M. Pothier : il a voulu en jouir dans toute son étendue, & s'est cru dès-lors dispensé de tout soin domestique. Sa négligence à cet égard eut pu être un défaut dans un pere de famille. Ce défaut devenoit respectable en lui par le motif dont il naissoit. Il venoit du mépris le plus sincere pour les richesses, & d'un grand fond de désintéressement. Pour lui il ne voyoit dans sa conduite, à cet égard, que l'effet qui résultoit de ce sentiment, c'est-à-dire, sa négligence, & il se la reprochoit devant ses amis (9).

_____

(9) Il avoit remis 1500 liv. à un Notaire pour les placer à constitution. Le Notaire trouva un emploi qu'il approuva, & lui fit signer le contrat. Six mois après il lui porta sa grosse : il n'en avoit plus aucune idée : il soutint que ce n'étoit pas lui qui avoit fait ce prêt, & qu'il n'en avoit pas fourni le montant. Le Notaire fut obligé de lui montrer sa signature sur la minute.

Il ne sçavoit gueres ce qui lui étoit dû, & n'en tenoit point d'état. Ce même Notaire recevoit un loyer commun à plusieurs particuliers, dont M. Pothier avoit une partie. Il lui porta un jour six années qu'il avoit négligé de demander & qui lui étoient dues : M. Pothier ne voulut pas les recevoir, il ne pensoit pas qu'il lui fût tant dû. Il voulut du moins composer avec le Notaire ; en recevoir la moitié, en offrant de lui donner une quittance finale. Le Notaire étoit sûr de sa recette & de son registre : il fallut qu'il se fâchât pour lui faire accepter le total.

_f v_

On le nomma Echevin en 1747.
Qu'il soit permis de dire que ce
choix n'étoit pas réfléchi. Pourquoi
vouloir qu'un homme, dont le temps
est si précieux, en dépense une partie à des fonctions que d'autres
peuvent remplir beaucoup mieux?
Pourquoi forcer un homme déja
trop grevé du soin de son patrimoine, de gérer celui de la Commune:
aussi ne fit-il presqu'aucune fonction
de cette place.

Il n'étoit nullement propre aux
détails d'administration, & il n'estimoit pas assez les biens pour s'en
instruire & s'en occuper. Heureusement il trouva parmi ses domestiques un administrateur fidele qui le
forçoit à prendre les détails les plus
indispensables, & qui le déchar-
geoit de tous ceux qu'on pouvoit lui
épargner (10).

---

(10) Sa Gouvernante s'appelloit Thérese
Javoi : elle étoit à son service depuis 1729.
Tout ce qui appartient à ce grand homme mérite d'être connu ; & si ce foible écrit passe à
la postérité, à la faveur des Ouv ages auxquels

Jamais il n'a cherché à augmenter son bien : il l'a seulement conservé à-peu-près tel qu'il l'avoit re-

---

il est joint, il est juste que le nom de cette fidelle gouvernante y passe.

Elle lui étoit très attachée, & a eu le plus grand soin de sa santé ; c'est une obligation que le public lui a. Elle auroit de grand cœur brûlé tous les livres de Droit lorsque son Maître étoit incommodé & s'obstinoit à travailler. Pendant long-temps elle prenoit tous les ans une fois la peine de remettre en ordre la bibliotheque avec un ami de M. Pothier. Sur les dernieres années elle s'est négligée sur cet article, & le désordre étoit devenu si grand qu'on avoit peine à rassembler deux volumes.

La confiance que M. Pothier avoit en elle, étoit entiere. Il ne lui cachoit gueres que ses aumônes. Elle gouvernoit absolument tout le domestique de son Maître, & en grande partie ses affaires. Pour obtenir certaines choses, il falloit la mettre dans ses intérêts ; & sans elle l'amitié que M. Pothier vouloit bien avoir pour moi, n'auroit peut-être pas suffi pour l'engager à se laisser peindre. Il n'y a consenti qu'à condition que le portrait ne paroîtroit pas, & feroit mis à la campagne jusqu'à sa mort, & je lui ai tenu parole.

Thérese n'avoit pas eu de peine à prendre une sorte d'ascendant sur un homme aussi bon & aussi simple. Elle prétendoit que cela étoit nécessaire & pour le mieux, & qu'il falloit le gouverner comme un enfant. Il l'étoit aussi en quelque sorte pour les détails domestiques. Il ne faut pas demander s'il s'occupoit beaucoup de

çu. S'il touchoit un remboursement,
il replaçoit le capital. On lui abat-
tit une maison pour l'alignement
d'une rue, il en racheta une autre
de même valeur. La cause de son
désintéressement ne venoit pas de sa
fortune plus que suffisante pour ses
besoins, mais du fond de son caractere, & d'une indifférence réelle
pour les richesses, qu'elles semble-
roient devoir donner & qu'elles ne
donnent pas.

Quand il auroit été beaucoup
plus riche, il n'auroit pas vécu autrement ; il auroit donné davantage, & auroit été encore plus embar-
rassé d'une plus grande régie ; si
tant est qu'il eût daigné en prendre
plus de peine. S'il avoit pu con-
sentir à s'occuper davantage du soin
de son patrimoine, ce n'auroit pu

---

sa garderobe : Thérese lui achetoit, sans lui en
demander avis, ce dont il avoit besoin ; les
complimens s'adressoient à elle quand on voyoit
son Maître en habit neuf, & il l'apprenoit par-
là. Je demande pardon de ces détails si petits,
mais ils servent à peindre.

être que par un motif d'économie
en faveur des pauvres. Il préféroit
de les en dédommager par la fruga-
lité de fa vie, dans laquelle il trouvoit pour eux une épargne qui le
mettoit en état d'être plus généreux
que fa fortune ne fembloit le per-
mettre. N'avoit-il pas lieu de fe croire quitte envers eux par la diftribution d'un fuperflu d'autant plus
confidérable que fon néceffaire étoit
plus étroit. Il regrettoit même l'étendue que fes domeftiques donnoient
à ce néceffaire, par attachement pour
fa fanté ; & il falloit quelquefois lui
cacher le prix des mets qu'on lui fer-
voit. Les Dames des pauvres étoient
toujours affurées de trouver en lui
une reffource. Il recevoit leur vifite
avec une reconnoiffance mêlée de
refpect. Il aimoit à les rendre dépo-
fitaires de fes aumônes, parce qu'il
vouloit les faire avec difcernement,
& qu'en les leur confiant, il étoit
tranquille fur la diftribution, & dif-
penfé de tout examen.

Mais combien de pauvres hon-

teux alloient avec confiance lui dé-
couvrir leurs befoins, & recevoient
des fecours efficaces dont la maniere de donner & la commifération
tion augmentoient le prix. Combien
d'enfans n'a-t-il pas mis en état de
gagner leur vie, en payant leur ap-
prentiffage ; efpece d'aumône dont
le fruit eft le plus durable, parce
qu'il prévient la pauvreté? Combien
de fois n'a-t-il pas porté au loin dans
les campagnes & dans les villes écar-
tées, des aumônes qui n'étoient fol-
licitées que par les befoins qu'il apprenoit ?

Qui pourroit connoître & comp-
ter tant de bonnes œuvres faites dans
le fecret, & cachées dans le fein de
Dieu ? Dans les temps de calami-
té fur-tout, il fe feroit épuifé totale-
ment, & privé du néceffaire, fi fa
Gouvernante n'eût eu la précaution
de tenir quelqu'argent en réferve
pour les befoins journaliers : il fe
cachoit d'elle pour fes aumônes; &
elle étoit obligée de fe cacher de
lui, pour être en état de le nourrir.

Elle n'avoit pas befoin pour cela de prendre beaucoup de précautions : jamais il ne fçavoit le compte de fon argent : il lui donnoit fa clef, lorfqu'elle en demandoit. Du refte, tant qu'il en trouvoit, il puifoit pour donner ; & fa Gouvernante ne trouvoit d'autre moyen d'arrêter cet excès, que de le menacer de prendre à crédit les provifions du ménage, ce qu'il ne pouvoit fouffrir. Lorfque la caiffe étoit épuifée, il falloit avifer à la remplir, & c'étoit encore le foin de la Gouvernante : il falloit qu'elle fongeât où l'on pouvoit aller demander de l'argent, & qu'elle lui fît faire les quittances.

Tant de vertus & de bonnes œuvres dont fa vie étoit remplie, étoient cachées & enveloppées fous une profonde modeftie, qui les déroboit beaucoup plus à fes yeux qu'à ceux du public : & cette modeftie étoit tellement répandue fur fes actions & fur tout fon extérieur, que de toutes fes vertus, c'étoit celle qu'il avoit le plus de peine à cacher.

Elle naiſſoit d'une humilité ſincere,
par laquelle il ſe mettoit réellement
au-deſſous des autres & qui l'em-
pêchoit de ſoupçonner en lui-même
le mérite que tout le monde y trouvoit.

Auſſi déſintéreſſé ſur ſa réputation
que ſur ſa fortune, il ne s'occupoit
pas plus de l'une que de l'autre ;
avec cette différence qu'il ne faiſoit
rien pour augmenter ſes richeſſes ;
tandis qu'il ajoutoit tous les jours à ſa
réputation : mais il n'avoit pas plus
en vue d'en acquérir que d'accroître
ſon patrimoine. C'étoit à ſon inſçu,
& malgré lui, que ſa réputation s'é-
tendoit, & l'on étoit mal reçu à
l'en faire appercevoir. Les louanges
lui étoient auſſi inſupportables que
le ſont les injures au reſte des hommes : il étoit aiſé de voir par ſon
embarras & par l'air de ſon viſage,
qu'elles le choquoient ſérieuſement
& qu'elles l'offenſoient.

Etre indulgent pour les autres,
craindre de leur manquer, & ne rien
exiger pour ſoi-même, eſt le véri-

table fonds de la politeſſe ; & cette
politeſſe étoit auſſi vraie chez lui
que ſa modeſtie dont elle étoit l'effet.
Il ne manquoit à cette politeſſe que
cette ſuperficie dont les hommes ſe
contentent aſſez aiſément, & dont
ils abuſent ſi ſouvent pour témoigner
des ſentimens qu'ils n'approuvent
pas : il n'y manquoit que ces manieres ſqu'on n'acquiert que dans le
commerce du monde, & dont il eſt
aſſez juſte, pour diſpenſer un homme qui a eu plus de commerce avec
les livres qu'avec les ſociétés, ſur-
tout lorſqu'il n'a rien de cette ru-
deſſe & de cette auſtérité que la re-
traite & l'application donnent quelquefois aux Sçavans ſans qu'ils s'en
apperçoivent. M. Pothier en étoit
bien éloigné. On n'auroit pu lui
reprocher qu'un excès de modeſtie
qui le rendoit timide & embarraſſé
lorſqu'il ſe trouvoit avec des gens
qu'il ne connoiſſoit pas, ou forcé
par des devoirs de bienſéance de ſe
montrer dans un grand cercle. Il s'y
trouvoit déplacé, & comme telle-

ment ifolé, qu'il prioit ordinairement quelqu'un de fes amis de l'y
accompagner , & vouloit bien regarder cette complaifance comme
un fervice qu'on lui rendoit.

La nature, avare de fes dons, ne
les réunit pas toujours. Mais qui
pourroit ne pas préférer le partage
qu'elle en fit à M. Pothier , en lui
refufant les avantages extérieurs ?
Sa figure n'avoit rien qui prévînt en
en fa faveur. Sa taille étoit hau-
te, mais mal prife & fans maintien.
Marchoit-il , fon corps étoit tout
penché d'un côté, fa démarche finguliere & tout d'une piece. Etoit-il
affis , fes jambes fi longues l'em-
barraffoient ; il les entrelaffoit par
des contours redoublés. Toutes fes
actions avoient un air peu commun
de mal-adreffe. A table , il falloit
prefque lui couper les morceaux:
vouloit-il attifer le feu , il commençoit par fe mettre à genoux, & n'y
réuffiffoit pas mieux. La fimplicité
de fes manieres & de tout fon extérieur pouvoit prévenir fur la bonté

de fon caractère, mais n'annonçoit pas la fupériorité de fon efprit. Il falloit, ou le juger fur fa réputation, ou l'approfondir affez pour être en état de l'apprécier : une vifite paffagere ne pouvoit que nuire à l'idée qu'on avoit apportée. Ses yeux cependant avoient du feu & de la vivacité : ils indiquoient la pénétration de fon efprit & fa facilité à faifir : mais ils ne s'animoient que quand la converfation l'intéreffoit.

Il étoit le premier à plaifanter fur fa figure & fur fa mal-adreffe. Il racontoit en riant, qu'en paffant en robe à Paris devant un café, des jeunes gens en fortirent pour le montrer au doigt.

Lorfqu'il fut à Paris, fur l'invitation de M. d'Agueffeau qui vouloit le connoître & conférer avec lui fur le travail qu'il l'engageoit à entreprendre, il fe préfenta à l'Hôtel de la Chancellerie. On lui dit que M. d'Aguefeau n'étoit pas vifible. Il s'en alla, & vouloit repartir le

lendemain. Si fes amis ne l'euſſent
retenu, il eut répété ce que fit la
Fontaine, qui partit de Paris pour
aller voir fa femme à la Ferté-Mi-
lon , & revint fans l'avoir vue ;
parce qu'au moment de fon arrivée
elle étoit au Salut. On pourroit
peut - être comparer le caractere
de ces deux hommes en plus d'un
point. Il retourna donc voir M. le
Chancelier, qui, averti qu'il étoit
dans fon antichambre, alla au-de-
vant de lui, & le reçut avec une
diftinction qui étonna beaucoup
toute l'audience, qui avoit jugé cet
homme fur la furface.

Il étoit, dans la fociété, doux
& affable , gai & ouvert avec fes
amis ; mettant dans le commerce
une franchife qui manifeftoit toutes
fes penfées ; jouiſſant d'une paix in-
térieure que rien n'altéroit, & d'une
férénité qui n'étoit obfcurcie par aucun nuage. On trouvoit en lui cette
fimplicité qu'on aime à rencontrer
dans les grands-hommes , parce
qu'elle femble tempérer ce que leur

mérite a d'impofant. Cette fimplicité paroiffoit quelquefois finguliere, quelquefois auffi elle ne l'étoit
que par un excès de raifon, fi l'on
peut parler ainfi, & relativement à
la maniere commune de voir & de
juger qu'elle contrarioit. Car les
hommes même les plus raifonna-
bles, ne fuivent gueres que l'opinion, foit qu'elle foit conforme ou
contraire à la raifon fimple & dé-
gagée de préjugés : & comme il eft
fort rare de rencontrer un homme
qui ne porte que des jugemens dictés
par une raifon fi épurée , fes jugemens ne peuvent manquer de paroître finguliers.

Son caractere l'éloignoit de la
contention & de la difpute. Jamais il
ne s'eft perfonnellement offenfé de
la contradiction : & il avoit peine
à concevoir qu'on trouvât mauvais
de ce qu'un autre n'étoit pas de
notre avis. Mais il tenoit fortement
à fon fentiment , non par attachement à fon propre fens, mais parce
qu'il le croyoit vrai , & que fes lu-

mieres ne lui permettoient pas de
refter indécis (11). Il le défendoit
avec fermeté : il ufoit de la liberté
de contredire , comme il trouvoit
bon qu'on le fît à fon égard : il en
ufoit avec les vivans , comme avec
les Auteurs dont il difcutoit les fen-
timens , fans autre intérêt que celui
de la vérité. L'autorité par elle-même ne lui en impofoit pas, parce
qu'elle n'eft pas une raifon : elle devenoit feulement pour lui un nouveau motif de difcuter avec plus
de foin, & de donner à fes raifons
une force & une clarté capables de
furmonter le poids de l'autorité.

Il y avoit par conféquent beaucoup à gagner à lui faire des objections & à difputer avec lui. L'atta-
que le tiroit de fa tranquillité ordinaire ; elle le forçoit de reprendre
la queftion, pour la traiter dans tous

(11) Lorfqu'il craignoit de s'être trompé fur
un avis, foit par fa faute, ou parce qu'on ne
lui ayoit pas bien expofé la queftion, il re-
venoit fur fes pas ; examinoit de nouveau, &
demandoit d'autres éclairciffemens.

les fens, en balancer les moyens, &
établir fon fentiment avec une abon-
dance & une énergie qui lui étoient
propres.

Mais lorfqu'il mettoit véritablement de l'intérêt dans une affaire ou
dans une opinion, (& quel autre
intérêt pouvoit l'affecter que celui
de la vérité, de la juftice, ou du
bien public) la douceur de fon caractere & fa modeftie ne l'empê-
choient pas de défendre fon avis
avec beaucoup de chaleur & de
vivacité. Si dans ces occafions il eût
été fortement contredit, on l'eût vu
oublier fa modération, s'animer fortement, & s'irriter de la réfiftance.
Les paroles alors fe preffant en foule
pour fortir, n'auroient pu exprimer
tout ce qu'il auroit voulu dire à la
fois ; & à force de vouloir perfuader,
il auroit nui à la perfuafion, dont il
avoit naturellement le don. Il lui feroit peut-être même échappé malgré lui des chofes dures, que fon
cœur auroit défavouées ; qu'il auroit certainement dites fans aigreur

& fans fiel ; que le zele lui auroit
arrachées, & qu'il auroit dû faire
excufer, fi les hommes n'étoient pas
ordinairement plus fenfibles aux
effets extérieurs qu'aux motifs ;
avec cette forte de raifon, qu'ils ne
peuvent gueres juger que de ce qu'ils
voyent. Qui l'auroit vu dans ces momens, l'auroit cru un homme entier, jaloux de prévaloir, fufcepti-
ble de concevoir du reffentiment, &
peu inquiet d'en faire naître chez
les autres, & l'auroit fort mal jugé
fur ces dehors paffagers. Quel homme fut plus fimple, plus doux, plus
ami de la paix, plus éloigné de toute
animofité. Il n'a jamais eu occafion
de pardonner, car le pardon fuppofe
une offenfe, & il n'étoit pas acceffi-
ble au reffentiment d'une offenfe.
On auroit pu lui manquer, mais non
pas lui aigrir le cœur ; encore moins
lui faire éprouver le fentiment de la
haine. Sa raifon autant que fa religion, n'en auroient jamais permis
l'entrée dans fon cœur : & l'on peut
dire auffi véritablement qu'il eût été
                            également

également impossible à qui que ce
soit de concevoir de la haine & même de la froideur contre lui.

Autant il auroit mis dans ces occasions de chaleur & de zele, autant
il mettoit d'indifférence , lorsqu'il
s'agissoit de délibérer sur des affaires
de Corps , soit de cérémonial , soit
de prétentions & d'intérêts de Compagnie.

Cette maniere de sentir & de juger, tenoit au fond de son caractere
naturellement ennemi de toute contention sur les choses qui ne lui pa-
roissoient pas mériter d'en être l'objet. Il supposoit presque tous les
hommes aussi simples que lui, aussi
pleins de cette raison supérieure qui
s'éleve au-dessus des dehors, aussi
indifférens sur ce qui ne touche que
la maniere, & n'appartient pas au
fond des choses.

C'est à cette façon de penser,
ainsi qu'à la naïveté de son caractere, qu'on peut attribuer la maniere
dont il disoit tout haut son avis à
l'Audience. A peine un Avocat

g

avoit-il exposé une affaire, qu'il l'avoit saisie; il prévoyoit déja les moyens & les réponses; & il avoit jugé en lui-même, qu'à peine le Barreau sçavoit-il ce dont il s'agissoit. Il n'avoit plus ensuite qu'à écouter la maniere dont la cause étoit attaquée & défendue. Si l'affaire étoit peu importante, il laissoit à son esprit la liberté de s'occuper ailleurs: s'il prêtoit attention, il avoit peine à s'empêcher d'approuver ou d'improuver par des démonstrations extérieures: souvent même il le faisoit à mi-voix; de maniere qu'on sçavoit assez souvent son avis, avant qu'on allât aux opinions.

Mais il se donnoit là-dessus bien plus de liberté lorsqu'il présidoit. Le desir louable sans doute, mais qui doit être borné, d'expédier promptement les affaires, l'entraînoit malgré lui, & lui faisoit oublier cette patience qui convient au Juge, & qui est due aux Parties. Celui qui succombe, ne doit pas avoir à se plaindre de n'avoir pas été entendu.

Dès qu'il avoit faifi une Caufe, il ne
donnoit le temps, ni aux Avocats
de l'expliquer, ni aux autres Juges
de l'entendre. Perfonne affurément
ne le foupçonnoit de vouloir former
feul le jugement, & concentrer en
lui l'autorité du Tribunal. Le fond
de fon ame étoit trop connu pour
que la malignité même pût fe faifir
de ces dehors qui fembloient lui prê-
ter, pour lui fuppofer des retours fe-
crets fur lui-même. Mais il vouloit
expédier ; & il croyoit ne pouvoir
le faire trop vîte dans les affaires de
peu d'importance. Si un Avocat s'é-
cartoit du point décifif, il fe hâtoit
de l'y ramener: mais s'il avançoit un
moyen hazardé, ou foutenoit un
principe faux, il le fouffroit avec
une impatience dont il n'étoit pas le
maître, & l'interrompoit pour le
rappeller aux vrais principes & aux
moyens de la caufe (12). L'Au-

---

(12) Souvent lorfque l'Avocat du défendeur
avoit pris fes conclufions, il expofoit les moyens
du demandeur en deux mots, & difoit à l'Avocat, *Maître un tel, voilà ce qu'on vous oppofe; c'eft
à ce moyen feulement qu'il faut répondre.*

dience dégénéroit ainſi quelquefois
en diſſertations, & en une eſpece de
conférence. Ses amis lui faiſoient
des repréſentations qu'il approuvoit,
mais il n'en étoit pas le maître. De
la part de tout autre, cette maniere
de préſider eut paru pour le moins
ſinguliere. Mais cet homme étoit ſi
reſpectable & en même-temps ſi reſ-
pecté, ſi éloigné du deſſein de cho-
quer perſonne, que tout lui étoit
permis.

Ces détails peuvent ne pas paroître déplacés dans un Eloge hiſtori-
que. On aime à connoître même les
petits défauts des grands-hommes,
peut-être parce qu'ils ſemblent par-
là ſe rapprocher un peu de nous,
peut-être auſſi parce que ces légers
défauts tiennent pour l'ordinaire à
des diſpoſitions très-eſtimables,
dont ils ne ſont que des effets trop
marqués. Ils en ſont plus propres à
peindre l'homme tel qu'il étoit : ce
ſont de grands traits de caractere,
qui aident à ſaiſir la reſſemblance.

C'eſt un grand avantage, ſur-tout

dans les sciences qui demandent autant de travail, & pour lesquelles
la vie de l'homme est toujours trop
courte, de n'en être distrait par aucun goût étranger, qu'on ne pourroit
cultiver qu'au préjudice de l'objet
principal : & c'est un grand mérite
de sçavoir résister au desir d'apprendre, lorsqu'on a tant de facilité pour
y réussir. M. Pothier auroit pu, sans
négliger l'étude du Droit, se laisser
entraîner à quelqu'étude particuliere, & y donner, par exemple, le
temps des vacances (13). Il eût cer-

(13) De tous les arts il n'aima jamais que la
musique, mais par sentiment & sans en avoir la
moindre notion : il n'y cherchoit que ce qui
pouvoit élever à Dieu : il ne l'aimoit que lorsqu'elle chantoit ses louanges, & qu'elle expri-
moit bien le sens des paroles. Il y étoit alors
très sensible, & ne pouvoit s'empêcher de laisser
paroître par le mouvement de son visage, &
même par des gestes, l'impression qu'il éprouvoit.
Si ses occupations le lui eussent permis, il
auroit assisté à tout l'Office de la Cathédrale,
tant il trouvoit de plaisir & de goût au chant
des Pseaumes : il faisoit passer dans son ame
toute la chaleur dont ces divins Cantiques sont
remplis. Il les chantoit avec transport, ou plutôt
il les déclamoit à sa maniere, car il avoit la
voix la plus fausse qui se puisse entendre.

tainement aimé les Mathématiques
& la Littérature ; & il en avoit affez
de connoiffance pour être tenté de
l'accroître. Il avoit étudié autrefois
la Géométrie ; & cette fcience fi
propre à perfectionner la juftelle
de l'efprit, quoiqu'elle ne la donne
pas, convenoit à un efprit auffi pé-
nétrant. Il avoit également des difpofitions & du goût pour la Littérature : mais en ayant acquis un fonds
fuffifant pour l'utilité, il n'auroit pu
l'augmenter que par délaffement, &
il n'en trouvoit plus le temps.

L'étude à laquelle il a donné le
plus de temps dans les dix à douze
premieres années de fa Magiftrature, fut celle de la Religion. Il cherchoit à éclairer fa foi, & à nourrir
fa piété. Son attachement à la Religion étoit fondé fur une conviction
intime, puifée dans la connoiffance
de fes preuves, & fortifié par l'a-
mour & la pratique de fes préceptes.
Auffi quel mépris n'avoit-il pas pour
les nouveaux Philofophes. Il ne parloit d'eux qu'avec indignation. Il

gémiſſoit ſur les progrès de l'incré-
dulité, & ſur la ſéduction des jeunes
gens, comme ſur le dépériſſement
des mœurs, qui en eſt l'effet.

Nous nous plaignons de la briéveté de ſa vie, nous regrettons que
le temps ne lui ait pas permis de
donner tant d'autres Traités qu'il
projettoit. Auroit-il pu parvenir à
publier tout ce que nous avons,
s'il ſe fût livré à des occupations
étrangeres ? Ce n'eſt que par une
économie rigoureuſe de ſon temps,
qu'il a pu ſuffire à tant d'occupations
différentes : il ne falloit pas moins
que ſa pénétration & ſa facilité, pour
réparer une partie du temps qu'on
lui enlevoit.

Ce qu'on ne peut trop admirer,
parce que rien n'eſt ſi rare, c'eſt la
ſageſſe & la modération qu'il mettoit dans le travail de la compoſition. Ce travail ſans doute le plus
agréable & le plus flatteur, obtient
aiſément la préférence : Un Sçavant
ſupporte avec impatience les occupations qui l'en détournent, & s'y

souftrait le plus qu'il peut. M. Pó-
thier n'auroit-il pas pu penfer que la
publication de fes Ouvrages étoit
un bien d'une utilité plus durable
que tant d'autres fervices qu'il rendoit au public, & trouver dans cette
préférence l'excufe la plus légitime,
pour fe difpenfer d'autres devoirs.

Nous pouvons le penfer ainfi, &
regretter aujourd'hui tant de temps
fi méritoirement employé defa part,
mais dont il ne nous refte rien. Pour
lui il n'auroit pu le penfer & agir
en conféquence, qu'en mettant dans
fes Ouvrages plus d'importance que
ne lui permettoit fa modeftie.

D'ailleurs, il avoit pour principe
de concilier tous fes devoirs. Avare
de fon temps pour des diftractions
volontaires, il ne l'étoit plus lorfqu'il s'agiffoit d'être utile, & il ne
montroit pas plus d'affection pour
une occupation que pour une autre. Perfonne n'étoit plus affidu que
lui au Palais ; & jamais il ne manquoit à fes leçons. Etoit-il rentré dans
fon Cabinet, il examinoit fes Procès

de rapport ; recevoit des vifites ; fouvent peu néceffaires, avec une patience bien rare dans un homme fi occupé ; il donnoit des confeils ; & répondoit aux lettres qui fe multiplioient à mefure que fa réputation s'étendoit. Combien de Procès n'a-t-il pas empêché par de fages confeils ? Combien n'a-t-il pas arrangé de familles, & terminé de conteftations ? La confiance publique lui avoit érigé un tribunal volontaire.

La journée à laquelle il donnoit cependant affez d'étendue (14), fe

---

(14) Il fe levoit avant cinq heures, alloit à la Meffe qui fe dit à la Cathédrale pendant Matines, dont il entendoit même une partie ; déjeunoit à fix heures ; fe mettoit enfuite au travail, foit jufqu'à dîner, foit jufqu'à l'heure de l'Audience ; dînoit à midi ; donnoit fa leçon à une heure & demie, & rentroit dans fon cabinet jufqu'au foir. S'il avoit quelque vifite à rendre, il choififfoit ordinairement le Dimanche avant Vêpres, ou le Jeudi. Il foupoit réguliérement à fept heures, ne travailloit jamais après fouper ; il fe couchoit à neuf heures, & dormoit fur-le-champ. Il aimoit beaucoup le café, mais il n'en prenoit plus ; il avoit remarqué qu'il l'avoit plufieurs fois empêché de

trouvoit souvent remplie, sans qu'il
eût pu rien donner à la compofition. Il avoit le talent de quitter le
travail & de le reprendre avec une
égale facilité (15). Il en fortoit toujours fans fatigue, parce que fage
en tout point, & jufques dans l'étude, jamais il n'en fit excès; jamais il
ne le prolongea pendant la nuit. Son
fouper à fept heures étoit toujours
le terme de fa journée. Il n'en dé-
rangeoit l'heure que le Mercredi,
où il le différoit jufqu'à huit heures,
parce qu'il tenoit ce jour-là une
conférence à laquelle affiftoient tous
les jeunes Magiftrats & plufieurs
Avocats qui fe faifoient gloire d'a-
voir été & d'être toujours fes élé-
ves. Ces conférences durorent fans
interruption depuis plus de qua-

dormir jufqu'à dix heures; & par un calcul
fimple, il difoit qu'une heure de fommeil valoit
mieux qu'une prife de café.

(15) Il pouffoit la délicateffe jufqu'à ne fe
faire jamais celer chez lui, & lorfqu'il étoit
abfolument preffé de travail & forcé de fe fouf-
traire aux diftractions, il alloit travailler chez
un ami voifin.

rante ans. Elles s'étoient d'abord te-
nues chez M. Prévôt de la Janès : à
sa mort, elles furent transportées de
droit chez M. Pothier.

Dans le cours d'une vie si oc-
cupée, on ne trouve gueres d'autre
distraction volontaire qu'un voyage
fort court qu'il fit à Rouen & au
Havre en 1748. Il avoit toujours
désiré de voir la mer ; car il n'étoit
point indifférent au spectacle de la
nature ; & celui de la mer, pour
des yeux qui n'y sont pas accoutu-
més, est véritablement imposant par
son immensité. Il annonce la gran-
deur de celui qui a creusé ce bassin
pour y renfermer cet élément redoutable auquel il a donné des bornes. Au retour du Havre il resta
quelque temps à Paris, chez M. de
Guyenne, pour conférer avec lui
sur le travail & l'édition des Pandectes. Il me fit l'honneur de m'associer
à ce voyage. M. L'huillier, Lieu-
tenant Particulier, étoit aussi de la
partie : je faisois alors ma premiere
année de Droit, & ce voyage ne

fut pas pour moi une interruption
d'étude. J'avois les Inftituts , &
j'en trouvois le meilleur Commentaire poffible dans la converfation
de M. Pothier qui me les expli-
quoit (16).

Pendant le temps qu'il mit à com-
pofer fon grand Ouvrage , il fut
forcé , pour avancer ce travail qui
ne devoit pas fouffrir d'interruption,
de fe dérober en partie à fes autres
occupations. Il n'étoit pas encore
Profeffeur.

Il alloit paffer une partie de l'été
à Lû, où il trouvoit le repos & la
folitude (17).

_____

(16) Nous parlions latin pendant prefque
toute la route : les gens qui étoient dans le
carroffe le prenoient à fa figure finguliere , pour
un Hibernois qui étoit mon Précepteur.

On lui demanda au Havre s'il vouloit manger
du poiffon (c'étoit un Dimanche) il répondit
qu'il n'étoit pas fi dupe que de faire maigre
un Dimanche. Ses deux compagnons de voyage
penferent autrement.

(17) Il avoit acquis en 1730 une petite ferme
à Lû-en-Beauce à une lieue de Châteaudun. Il
y avoit un petit logement par bas, auffi fimple
& auffi modefte que fa perfonne, & meublé de
même. C'étoit vraiment la maifon du Sage : le

Depuis 1750 qu'il fut nommé Professeur, il n'y alla plus que pendant les vacances : & ce temps que
les gens les plus occupés destinent
au délassement, étoit celui où il
travailloit le plus, parce qu'il n'étoit
pas distrait. C'est de Lû, en grande
partie, que sont sortis les Traités
qu'il nous a donnés. Il avoit toujours
un cheval à Lû, & il aimoit cet exercice. Il est aisé de se figurer la ma-

---

jardin étoit fort petit & aussi antique que tout
le reste, & le terrein en étoit très mauvais.
Un petit parterre couvert de vieux & grands
ifs qu'il trouvoit admirables, en faisoient l'ornement ; & quelques allées [d'épines tout le couvert. Je lui disois un jour que si l'on avoit
posté la maison à quelque distance, on auroit
trouvé de bonne terre, & qu'on auroit eu de
l'agrément du jardin : il me répondit, *on a vraiment bien fait de le mettre ici : les autres terres donnent du bled, & le terrein est assez bon ici pour se
promener.*
   Il étoit cependant sensible aux agrémens
d'une belle campagne & d'une belle vue. J'al-
lois quelquefois le prendre le Jeudi à Orléans
pour le forcer de sortir de son cabinet & de
profiter d'un beau jour. Nous fumes entr'autres,
nous promener dans une maison d'Olivet : il
étoit debout, immobile, & comme en extase
de la beauté de la vue : il n'en sortit que pour
me dire, *non habemus hîc manentem civitatem.*

niere dont il montoit à cheval. Ses
courſes conſiſtoient à aller tous les
Dimanches à la Meſſe, à S. André
de Châteaudun, & à rendre des
viſites à ſes voiſins, parmi leſquels
il trouvoit pluſieurs de ſes Confreres, mais jamais il ne décou-
choit (18).

 Orléans raſſembloit en même-
temps, & comptoit parmi ſes Citoyens, deux hommes rares & d'un
mérite égal en différens genres: &

---

(18) Je l'ai cependant forcé un jour de
découcher. Il étoit venu dîner chez moi. Il
ſurvint une grande pluie, je ne voulûs pas
abſolument le laiſſer partir. J'entrevis qu'une
des cauſes de ſon refus étoit la crainte de cauſer
de l'inquiétude à Thérèſe. Cet obſtacle fut levé;
Céſar ſon Domeſtique, qui ſuivoit toujours à
pied ſon Maître à cheval, retourna à Lû & fît
trouver bon à Thérèſe que ſon Maître eût con-
ſenti à n'être pas inondé pour retourner chez
lui le même jour. J'eus grand ſoin de ne rien
déranger à ſon régime. Mon hôte étoit endormi
à neuf heures & quart.

 Nous voulumes voir s'il ſe rappelloit le Pi-
quet: il y avoit joué autrefois tous les ſoirs
avec ſon oncle le Chanoine, mort en 1729, &
le jeu l'ennuyoit ſi fort, qu'il ſe laiſſoit perdre
pour s'aller coucher: il n'y avoit pas joué depuis; il ſe ſouvint parfaitement des regles, &
ne fut mal-adroit qu'à manier les cartes, en

pendant plus de trente ans la petite maifon de Lû a réuni ces deux hommes fi dignes l'un de l'autre.

Agé de 88 ans , M. Pichart, (Chanoine de S. Aignan) pleure aujourd'hui la perte d'un ami auquel il ne s'attendoit pas de furvivre : ou plutôt tranquille fur le fort de fon ami , il ne déplore que la perte publique. Auffi profond dans la connoiffance des Saintes Ecritures que M. Pothier dans celles du Droit, il travailloit de fon côté à ces fçavans Commentaires qu'il a compofés fur tous les Livres faints ; ouvrages auffi pleins d'onction & de piété, que de lumieres & de doctrine: Leur délaffement confiftoit en une heure de promenade après dîner , & autant de converfation après le fouper ; car M. Pothier déjeûnoit trop matin pour qu'on pût fe réunir. On peut croire que la converfation de ces deux amis devoit être intéreffante. M. Pothier , quoique naturellement filentieux, ne l'étoit point lorfqu'on parloit de matieres

qui lui convenoient , & il trouvoit
dans M. Pichart une grande facilité de parler, beaucoup de Littérature & d'érudition facrée & profâne.
Il étoit affez inftruit pour foutenir
la conversation fur les matieres les
plus familieres à M. Pichart; & le
champ étoit affez vafte pour fournir
à leur entretien. Mais il voulut auffi
pouvoir parler du Droit Romain
avec lui , & il lui vanta fi fort les
Pandectes, que fon ami ne put fe
refufer à les lire : & il ne faut pas
demander s'il fut fatisfait de cette
lecture.

La réputation de M. Pothier s'é-
toit néceffairement répandue avec
fes Ouvrages ; & il a eu de fon vivant toute la célébrité dont un Sçavant peut jouir. La voix publique
l'a reconnu pour le plus grand Jurifconfulte de fon fiecle , que dis-
je, le plus grand depuis Dumoulin,
à côté dequel elle a marqué fa place. Sans attendre fa mort, elle a
fixé le degré d'autorité dû à fes
décifions ; & les premiers Tribu-

paux ont retenti de citations de ſes ouvrages : honneur non ſuſpeḍt & le plus flatteur qu'un Juriſconſulte puiſſe jamais recevoir.

Ce jugement étoit porté non-ſeulement en France , mais auſſi par les étrangers, chez qui il étoit auſſi eſtimé que dans ſa patrie. Ses Ouvrages, en effet, ne ſont pas de ceux dont l'utilité eſt renfermée dans un certain eſpace. Par-tout où la ſcience du Droit ſera connue & cultivée; par tout où le Droit Romain ſera enſeigné ; par-tout où les hommes contracḍteront entr'eux , & auront beſoin de recourir aux principes de la Juſtice pour décider les queſtions que leurs conventions feront naître , le nom de M. Pothier ſera connu ; ſes Ouvrages feront étudiés & conſultés. L'autorité d'un Juriſconſulte auſſi célebre , eſt proprement celle d'un Légiſlateur : que dis-je , elle la ſurpaſſe en tant qu'elle participe à celle des Loix de la Juſtice ; & que ces Loix immuables qui conviennent à tous les hommes, l'em-

portent fur les volontés & les dif-
positions verfatiles, tranfitoires &
arbitraires, qu'il plaît aux hommes
d'ériger en Loix.

Si M. Pothier n'eût travaillé que
fur les Loix municipales & particulieres de fon pays, fa réputation
eût été circonfcrite dans les mêmes bornes; mais il a été Jurifconfulte pour tous les temps & pour
tous les lieux : il doit même avoir
plus de célébrité chez les nations où
la fcience du Droit eft cultivée avec
foin, parce qu'elle conduit à toutes les places, qu'en France où elle
eft fi négligée, où les places s'a-
chetent, & où le prix qu'elles va-
lent, difpenfe de l'étude & du fçavoir. Et même l'on peut ajouter que
s'il fut étranger à fon fiecle par la
fimplicité de fes mœurs, il ne le fut
pas moins à fon pays par le genre
de fes études.

S'il fût né en Allemagne, les Prin-
ces auroient difputé entr'eux pour
l'attirer & fe l'attacher; & ceux qui
n'auroient pu le fixer chez eux, fe

feroient fait gloire de le décorer par
des titres d'honneur & d'illuftra-
tion. Il a vécu parmi nous comme
l'homme le plus ordinaire, fans recevoir la moindre diftinction. Il étoit
bien éloigné de croire en mériter,
ni d'en défirer. Mais ne peut-on pas
être furpris qu'on n'ait jamais fongé
à acquitter la patrie envers lui par
quelque décoration plus honorable
pour ceux qui la procurent au mérite modefte, qu'à celui qui la re-
çoit.

Il eft également étonnant que cet
homme fi connu, n'ait jamais été
confulté fur la légiflation, & qu'on
n'ait pas profité de fes lumieres pour
la réforme de nos Loix. Il eût été
l'ame d'un confeil de légiflation.
Mais par une fatalité finguliere, il
eft encore moins rare de trouver
des gens de mérite, que de les voir
mis en œuvre, & placés où ils de-
vroient l'être.

Ce n'eft point à nous à nous plaindre de cet oubli, & à regretter de
ce que fon mérite ne nous l'a point

enlevé. Nous l'avons poffédé fans partage, & il s'eft donné à nous tout entier, au préjudice de ce qu'il auroit fait de plus pour l'utilité générale, fi les fonctions de Magiftrat & de Profeffeur, fi tant de fervices particuliers qu'il n'a ceffé de nous rendre, n'avoient pas employé une fi grande partie de fa vie. Tous les Citoyens l'ont eu pour confeil: auquel d'entr'eux a-t-il refufé le fecours de fes lumieres ? Tous les gens de bien l'ont eu pour ami. Les pauvres l'ont pleuré comme leur pere. Sa bienfaifance & fa douceur lui avoient concilié le refpect & l'attachement univerfels. Tout le monde n'eft pas à portée d'apprécier le Jurifconfulte ; mais le cœur eft la partie la plus effentielle de l'homme, & le peuple en eft peut-être le meilleur juge.

Auffi fa mort a-t-elle caufé un deuil général. Le public n'eft pas toujours jufte : quelquefois le mérite préfent femble l'offufquer : beaucoup plus porté à la critique qu'à

l'approbation, & avare de son estime, il ne la lui accorde qu'avec
restriction & ménagement, & ne se
détermine à lui rendre toute la justice qui lui est due, que lorsqu'il a
disparu. Mais il n'a rien à se reprocher à l'égard de M. Pothier. La
mort n'a fait que confirmer ses sen-
timens sans y rien ajouter : ce qui
est le plus grand éloge possible, &
la preuve la plus complette d'un
mérite éminent & sans tache.

Quelque longs que puissent être
les jours d'un homme aussi précieux,
sa mort est toujours prématurée pour
l'utilité publique. Celle de M. Pothier l'a été d'autant plus, que son
âge de 73 ans & la régularité de sa
vie, pouvoient faire espérer de le
conserver encore plusieurs années.
Elle auroit été imprévue pour lui,
si toute sa vie n'y avoit été une pré-
paration continuelle. Il n'a éprouvé,
ni les infirmités de l'âge avancé,
ni le dépérissement de la vieillesse,
ni l'affoiblissement de ses facultés
intellectuelles, ni les douleurs de

la maladie, ni la crainte qu'infpi-
rent les approches de la mort, &
fur laquelle la vie la plus fainte ne
raffure pas toujours.

Une maladie de fix jours nous
l'a ravi. La fievre, quoique férieufe, n'annonçoit pas un danger mé-
naçant. Le 1er Mars il se trouva
beaucoup mieux, & fe leva. On le
croyoit hors d'affaire, & il portoit
le même jugement fur fon état. Le
foir même il tomba en léthargie,
& il a fini le 2 Mars cette vie fi
précieufe aux yeux de Dieu & des
hommes.

Son teftament ne renferme aucune difpofition remarquable : il contient quelques legs remunératoires;
quelques legs pieux, & le don à
la Bibliotheque publique, des Livres qu'il pouvoit avoir, & qui lui
manquoient.

Il n'a rien ordonné fur fa fépultu-
re : ceux qui ont préfidé à fes funé-
railles, ont voulu fans doute fe con-
former à l'efprit de modeftie qui
étoit fa principale vertu, en le fai-

fant inhumer dans un des endroits les plus écartés du Cimetiere commun.

Les Officiers municipaux ont réparé, autant qu'il étoit en eux, cet excès de modeftie. Ils ont fait pofer fur le mur voifin, un marbre chargé d'une épitaphe, pour lui payer, au nom de la patrie, le tribut de la reconnoiffance publique. Que pouvoient-ils faire de plus dans un endroit auffi peu propre à recevoir un monument convenable? (19)

---

(19) Épitaphe de M. POTHIER, placée au grand Cimetiere, où il a été inhumé.

HIC JACET
ROBERTUS-JOSEPHUS POTHIER,
Vir Juris peritiâ, æqui ftudio,
Scriptis, confilioque,
Animi candore, fimplicitate morum,
Vitæ fanctitate
Præclarus.
Civibus fingulis, probis omnibus,
Studiofæ Juventuti,
Ac maximè Pauperibus,
Quorum gratiâ pauper ipfe vixit,
Æternum fui defiderium
reliquit,
Anno reparatæ falutis 1772.
Ætatis verò fuæ 73.

Præfectus & Ædiles,
Tàm Civitatis nomine quàm fuo,
Pofuêre.

Les grands-hommes, pendant leur vie, ont été la gloire & l'ornement de leur patrie. Leurs tombeaux continuent d'être pour elle une décoration : & elle est comptable, à la postérité, des honneurs rendus à leurs cendres.

Un étranger, pénétré de respect pour ce grand-homme, voulut le voir en passant par Orléans, & pouvoir se vanter à son retour de l'avoir vu. Il ne put avoir cet avantage, parce qu'il passa pendant les vacances. Il se fit ouvrir la Salle de l'Université, & voulut du moins voir la chaire d'où il enseignoit. Mais si des étrangers nous demandoient à voir son tombeau, croyons-nous qu'ils dussent en être bien satisfaits ?

C'étoit dans une Eglise qu'il falloit l'inhumer. Les cendres d'un homme aussi saint & aussi respectable devoient-elles être placées ailleurs ? Et dans quelle Eglise convenoit-il mieux de les déposer que dans l'Eglise Cathédrale, dans l'Eglise commune à tous les Citoyens,

dans

dans cette Eglife, à côté de laquelle il avoit vécu, où il avoit donné tant d'exemples de piété, où tous les jours il alloit fe profterner devant Dieu, en prévenant le lever du foleil ? Louis XIV s'eft honoré lui-même en faifant inhumer, à S. Denis, le Maréchal de Turenne. N'en doutons pas, le Chapitre, au milieu duquel il avoit vécu, & qu'il avoit fi fouvent édifié par fa préfence, auroit reçu avec empreflement ce précieux dépôt. Il eut été facile alors d'ériger fur fa tombe un monument plus honorable pour la reconnoiffance publique; plus digne d'en tranfmettre le témoignage à la poftérité ; plus propre à fatisfaire les étrangers que la beauté de l'édifice attire dans ce Temple augufte. Seroit-il donc impoffible de le faire encore aujourd'hui ? Quel eft le Citoyen qui n'applaudiroit pas à cette tranflation ? Si la dureté des temps & des circonftances ne permettoit pas aux Officiers municipaux d'employer

i

ce monument, la fomme qu'ils dé-
fireroient, les héritiers, fans doute,
tiendroient à honneur de s'en charger: & fi ces moyens ne fuffifoient
pas, qu'on ouvre une foufcription
publique, & que tous ceux à qui ce
grand-homme ne fut pas cher, fe
difpenfent de contribuer à honorer
fa mémoire.

F I N

APPROBATION.

J'AI lu, par ordre de Monfeigneur le Chan-
chelier, les Œuvres de M. POTHIER, en
quatre Volumes in-4°. précédés de deux Eloges
de l'Auteur, l'un en François, l'autre en Latin:
& je n'y ai rien trouvé qui ne m'ait paru devoir
en favorifer l'impreffion. A Paris ce 15 Avril
1773.

COQUELEY DE CHAUSSEPIERRE.

Emendanda in Oratione.

Paginâ xxxv lineâ 5 fæpefæpiùs lege fæpè fæpiùs.
Pag. xxxvij lin. 25 ine lege ineft.
Pag. xxxix lin. 19 jurifdicundi lege juris dicundi.